DE LA

RESPONSABILITÉ
DES NOTAIRES
EN DROIT FRANÇAIS,

PRÉCÉDÉE D'UN

ESSAI SUR LES NOTAIRES
EN DROIT ROMAIN.

THÈSE
PRÉSENTÉE A LA FACULTÉ DE DROIT DE POITIERS
POUR OBTENIR LE GRADE DE DOCTEUR,

ET

SOUTENUE LE SAMEDI 3 JUIN 1865, A 2 H. 1|2 DU SOIR.

DANS LA SALLE DES ACTES PUBLICS DE LA FACULTÉ.

Par Gustave MORAND,
Avocat.

POITIERS,
IMPRIMERIE DE A. DUPRÉ,
RUE DE LA MAIRIE, 10.

—

1865

RESPONSABILITÉ
DES NOTAIRES

EN DROIT FRANÇAIS,

PRÉCÉDÉE D'UN

ESSAI SUR LES NOTAIRES

EN DROIT ROMAIN.

THÈSE

PRÉSENTÉE A LA FACULTÉ DE DROIT DE POITIERS
POUR OBTENIR LE GRADE DE DOCTEUR,

ET

SOUTENUE LE SAMEDI 3 JUIN 1865, A 2 H. 1|2 DU SOIR,

DANS LA SALLE DES ACTES PUBLICS DE LA FACULTÉ,

Par Gustave MORAND,
Avocat.

POITIERS,
IMPRIMERIE DE A. DUPRÉ,
RUE DE LA MAIRIE, 10.

1865

COMMISSION:

Président,   M. RAGON.

Suffragants, { M. GRELLAUD, ✹, doyen,
                M. ABEL PERVINQUIÈRE, ✹, } Professeurs.
                M. DUCROCQ,
                M. BAUDRY-LACANTINERIE,   Agrégé.

————◆◆◆————

Vu par le président de l'acte public,

RAGON.

Vu par le doyen,

H. GRELLAUD, ✹.

Vu par le recteur,

DESROZIERS, (O. ✹).

Les visas exigés par les règlements sont une garantie des principes et des opinions relatives à la religion, à l'ordre public et aux bonnes mœurs (statut du 9 avril 1825, art. 41), mais non des opinions purement juridiques, dont la responsabilité est laissée au candidat.

Le candidat répondra en outre aux questions qui lui seront faites sur les autres matières de l'enseignement.

(C.)

A MA FAMILLE.

A MES AMIS.

DROIT ROMAIN.

ESSAI SUR LES NOTAIRES
(TABELLIONES).

CHAPITRE PREMIER.

DES TABELLIONS EN GÉNÉRAL.

L'homme, incapable de se suffire entièrement à lui-même, est obligé d'entrer dans une série d'échanges et de services avec ses semblables. De là naissent des obligations, des changements de position, qui ont besoin d'être constatés d'une façon certaine. Pour arriver à ce résultat, l'écriture est le meilleur moyen, et, depuis sa découverte, c'est toujours elle qu'on a le plus employée. Mais cette science, autrefois surtout, n'étant pas à la portée de tout le monde, on dut instituer des écrivains publics, auxquels chacun pouvait aller s'adresser. Aristote (*De republica*, lib. 6, cap. 8) nous rapporte qu'il y avait des scribes chez les Égyptiens, les Juifs et les Grecs.

Chez nous, le soin de rédiger les conventions des

particuliers est confié aux notaires. Rome eut une institution à peu près analogue dans ses tabellions qui,
investis des mêmes fonctions, et soumis à peu près
aux mêmes obligations que notre notaire, en différaient
cependant à un point de vue important, au point de
vue de la force probante de leurs actes.

Les tabellions, comme nous venons de le dire,
étaient les fonctionnaires publics établis pour recevoir
les conventions des particuliers : « *Tabelliones sunt
publici contractuum scriptores*, » dit Cujas sous la loi
15, C. *de decurionibus*.

Il résulte des novelles 44, 47, 49, 52, 73, 117, 142,
et enfin de la loi 20, C.·*de fide instrumentorum*,
que leurs écrits prenaient indifféremment le nom de
monumenta forensia ou de *monumenta publica*, bien
que la première désignation leur fût propre, et que la
seconde servit surtout à désigner les actes émanant de
l'autorité judiciaire.

L'origine des tabellions nous est demeurée inconnue ;
le texte le plus ancien qui les rappelle peut-être, est
une loi de Septime Sévère de l'année 195, qui parle
d'actes publics : « *Is apud quem res agitur*, ACTA PU-
BLICA, *tam civilia quam etc*....(Loi 2, C. *de Edendo*.)»

Si nous voulons nous faire une juste idée de ce que
pouvait être le tabellion dans le principe, il faut tout
d'abord ne pas le confondre avec le *tabularius*, préposé
au *tabularium*, chargé de veiller à la conservation des
actes de l'autorité judiciaire, et dont les fonctions étaient
celles de nos greffiers d'aujourd'hui. Les jurisconsultes
romains les distinguaient complétement, et il ne se rencontre pas d'exemple, soit au Digeste, soit au Code,
que le tabellion ait été désigné par le mot *tabularius*.

Néanmoins la plupart des commentateurs, trouvant ce mot dans un texte, l'ont souvent traduit par celui de tabellion, ce qui les a entraînés dans de graves erreurs. C'est ainsi qu'appliquant à ce dernier ces expressions de la loi 3, C. *tabulariis* : « *Generali lege sancimus* » *ut... tabularii liberi homines ordinentur, neque ulli* » *deinceps ad hoc officium patescat aditus, qui sit ob-* » *noxius servituti,* » on en a conclu que le tabellion était primitivement un esclave, et l'on s'est efforcé de le rattacher, comme les greffiers, aux anciens *notarii* ou *tabularii*, esclaves publics, sachant écrire et mis à la disposition des citoyens.

Cette assimilation nous semble impossible, car nous ne voyons aucun rapport entre le tabellion et le *notarius* ou *tabularius*. Celui-ci n'avait aucune charge déterminée ; il devait prêter ses soins à toutes sortes d'écritures ; le tabellion, au contraire, n'était institué que pour recevoir les conventions des particuliers ; il remplissait un ministère, en dehors duquel on ne pouvait rien réclamer de lui. Ses actes avaient un caractère public ; partout ils sont mentionnés comme tels, et opposés aux simples écritures privées, avec lesquelles les actes des *notarii* ou *tabularii* furent toujours confondus.

A notre sens, le tabellionat est né sans précédent aucun, au moment où le peuple, las de guerres, voulant jouir de la paix et recherchant la fortune, sentit le besoin d'un autre homme qu'un esclave pour monumenter ses conventions, et d'autres écrits que des écrits privés.

Nous nous croyons aussi autorisés à dire que la charge de tabellion ne pût jamais être confiée qu'à un homme libre, d'abord à cause de l'importance de la profession et de la dignité dont elle était entourée, ensuite parce que nous ne trouvons aucune loi pour interdire aux esclaves cette profession, qui, sans aucun doute, leur était pourtant fermée à l'époque de Justinien.

Cette opinion est présentée et soutenue par Perezius, qui nous dit, au titre *de tabulariis : Tabelliones igitur erant liberi homines.*

Un autre auteur, Arnold Corvin, est encore, s'il est possible, plus explicite que Perezius : *Nec etiam olim,* dit-il au même titre, *tabelliones (ut volunt vulgo interpretes eos cum tabulariis confundentes) servi erant, sed personæ liberæ; nec eorum officium erat vile, ut iidem volunt, sed honorificum,* etc.

Le texte qui nous fournit le plus de documents sur l'organisation des tabellions, est une Novelle de l'empereur Léon. Elle nous apprend que ces fonctionnaires publics formaient une corporation, avec leur président, qui prenait le nom de *primicerius.* Chaque tabellion avait son étude (*statio*), ce qui apparaît aussi de la novelle 44 de Justinien, chap. Ier. Les tabellions s'élisaient eux-mêmes. Ils ne devaient admettre dans leur corps que des gens de haute probité, sachant leur droit, écrivant et parlant très-bien, et, comme le dit Cujas (l. 15, C. *de decurionibus*) , « *Tabelliones qui-* » *que creabantur, non nisi homines fidei probæ et scri-* » *bendi loquendique peritissimi, nec non et juris pe-* » *riti.* » Leur choix était soumis à l'approbation du préfet de la ville. Le candidat lui était présenté revêtu de l'*éphestride, indutum ephestride*; la commission qui le présentait, jurait que, dans son élection, elle n'avait rien donné à la faveur, et qu'elle ne s'était laissé guider que par la confiance que lui avait inspirée celui qu'elle avait élu. Une fois l'approbation du préfet donnée, et après une cérémonie d'usage, « *pro ephestride ei a sacerdote dari album* γνώναν *superdicta prece*, » le nouveau tabellion pouvait entrer en fonctions.

CHAPITRE II.

DES ACTES DES TABELLIONS ET DE LEUR FORCE PROBANTE.

Des textes nombreux, et notamment la loi 17, C. *de fide instrumentorum*, nous font voir que les actes des tabellions passaient habituellement par deux phases bien distinctes.

D'abord le tabellion prenait, ou plutôt faisait prendre en note par son clerc, appelé pour cela *notarius*, les volontés des parties. Ce premier écrit, qui s'appelait *scheda*, *a scindendo* dit Cujas, ne pouvait nullement engager les contractants, ce qui est formellement dit dans notre loi 17 : « *Ut nulli liceat a scheda conscripta* » (*licet litteras unius partis vel ambarum habeat*), *ali-* » *quod jus sibi vindicare*. »

Ces notes prises, le tabellion devait les mettre au net, les rédiger *in purum seu in mundum*, comme on disait alors, ce qui s'appelait *completio contractus*. C'était cette copie qui constituait l'acte; elle seule pouvait lier les contractants; c'était à elle seule, par conséquent, et non à la *scheda*, que s'adressaient les diverses prescriptions imposées aux tabellions. Nous verrons bientôt comment elle devait être faite, en étudiant les obligations de ces derniers; mais auparavant nous allons voir quelle était sa force probante.

Il y avait à Rome des actes authentiques, c'est-à-dire qui fai-aient foi par eux-mêmes, et qui n'avaient besoin d'aucune preuve. Ils prenaient le nom de *monumenta* ou de *acta publica*. Ces actes étaient ceux émanant de l'autorité judiciaire, et ils comprenaient non-seulement les décisions rendues en matière contentieuse, mais encore certains actes de la juridiction volontaire, ceux que les parties venaient affirmer aux juges sincères et véritables, et qu'elles faisaient insinuer ou enregistrer *apud acta*, selon l'expression romaine.

L'insinuation d'un acte consistait dans sa transcription sur un registre spécial; elle ne pouvait être faite que sur l'ordonnance du juge auquel on avait présenté l'écrit. Elle avait lieu, à Constantinople, devant le *magister census*; dans les provinces, devant les présidents et les magistrats municipaux. Elle avait pour effet de conférer l'authenticité.

Les actes des tabellions ne jouissaient pas de cette force probante : « *Non faciebant probationem probatam, sed probationem probandam.* » Ceci ressort très-clairement de la novelle 73 de Justinien, chapitre 7, qui détermine la manière dont leur sincérité pourra être vérifiée en cas de contestation. On devait d'abord recourir à la preuve testimoniale. On faisait intervenir le tabellion et les témoins, et si leurs témoignages s'accordaient, leurs dépositions devenaient la loi des parties. S'il était impossible de constituer une preuve testimoniale, on devait alors recourir à une vérification d'écriture. Cette vérification était confiée à un expert nommé en justice. On conçoit tout ce que de pareilles preuves avaient d'incommode et de dangereux, même pour les parties : aussi prit-on l'habitude de faire insinuer tous les actes des tabellions pour qu'ils fissent pleine foi, et c'est alors qu'ils pouvaient réellement prendre le nom d'actes publics, *monumenta publica*.

Mais remarquons que si, par ce moyen, ils devinrent authentiques, ils ne le furent jamais d'eux-mêmes, ce qui était la cause d'une grande partie des formalités auxquelles ils étaient soumis.

CHAPITRE III.

OBLIGATIONS DES TABELLIONS. — FORMALITÉS DE LEURS ACTES.

Si nous parcourons les textes qui se rapportent aux obligations du tabellion, nous voyons que les unes avaient trait à l'exercice de son ministère, et que les autres concernaient la rédaction et la forme de ses actes.

SECTION PREMIÈRE.

OBLIGATIONS MINISTÉRIELLES DES TABELLIONS.

Ces obligations étaient peu nombreuses, et elles avaient toutes un même but : défendre au tabellion de prêter son ministère dans certains cas.

La loi 14, § 3, C. *de sacrosanctis ecclesiis*, punissait d'un exil perpétuel le tabellion qui avait fait une vente de biens ecclésiastiques : « *Ilis tabellionibus,*

» *qui hujusmodi contractuum velitorum ausi fuerint*
» *instrumenta conscribere, irrevocabilis exilii animad-*
» *versione plectendis.* »

La loi 2, C. *de eunuchis*, qui prohibe la vente
des eunuques : « *Romanæ gentis, sive in barbaro, sive*
» *in Romano solo eunuchos factos nullatenus quolibet*
» *modo ad dominium cujusquam transferri jubemus :*
» *pœna gravissima statuenda adversus eos qui hoc per-*
» *petrare ausi fuerint,* » défend aux tabellions de
passer acte de ces sortes de vente, sous la même peine,
pœna gravissima, c'est-à-dire sous peine de mort :
« *Tabellione videlicet*, ajoute cette loi, *qui hujusmodi*
» *emptionis sive cujuslibet alterius alienationis instru-*
» *menta conscripserit... eidem pœnæ subjiciendo.* »

Enfin la loi 1, C. *ut nemo ad suum patrocinium*,
défendait encore au tabellion de recevoir, sous n'importe quelle forme, un acte établissant des droits de
patronage, et, en cas de contravention, prononçait la
confiscation de ses biens : « *Tabellionibus qui talia*
» *instrumenta conscribere ausi sunt, bonorum pro-*
» *scriptione plectendis, qui tamen scientes ausi fue-*
» *rint hujusmodi instrumenta conscribere.* »

SECTION II.

OBLIGATIONS DES TABELLIONS CONCERNANT LA RÉDACTION DE LEURS ACTES.

§ Ier.

Réception des actes.

Le tabellion, appelé le premier à déposer dans les

affaires qu'il avait traitées, devait prendre connaissance
de toutes, pour pouvoir plus tard, en cas de besoin, donner les renseignements nécessaires ; et s'il pouvait abandonner la *scheda* aux soins de ses clercs, il devait au
moins rédiger son acte et recevoir lui-même le consentement des parties. Toutefois, les tabellions avaient
pris l'habitude de laisser leurs clercs recevoir et délivrer les actes en leur nom et en leur absence, et se
trouvaient ainsi, la plupart du temps, dans l'impossibilité de faire une déposition, lorsqu'il s'élevait quelque
difficulté.

Pour remédier à cet abus, Justinien, dans sa novelle 44, prescrivit que, désormais, les tabellions devraient expédier eux-mêmes toutes leurs affaires :
« *Quatenus præpositis operi tabellionum, ipsis per se*
» *omnibus modis injungatur documentum, ut dum*
» *dimittitur intersit; et non aliter imponatur chartæ*
» *completio, nisi hæc gerantur.* » Et, comme sanction,
Justinien prononçait en même temps la destitution :
« *Scientibus (tabellionibus), quia si præter hæc aliquid*
» *egerint, cadent omnino iis quæ vocantur statio-*
» *nibus.* »

Cette obligation de faire tous ses actes lui-même
pouvait devenir, dans certains cas, fort onéreuse pour
le tabellion. Justinien l'avait compris ; aussi a-t-il ajouté
que ce dernier aurait la faculté de se choisir un aide,
et de lui donner l'autorisation d'agir pour lui. Cet aide,
ce substitué, devait être agréé en présence du *magister*
census : « *Gestis apud clarissimum magistrum census*
» *felicissimæ civitatis celebratis.* » De cette disposition nous pouvons conclure que la faculté de prendre
un aide n'était accordée qu'aux tabellions de Constan-

tinople, car là seulement il y avait un *magiser census;* et si l'on avait voulu étendre cette faveur aux tabellions des provinces, on leur eût permis de faire leur choix en présence des présidents, qu'on aurait alors ajoutés, dans le texte que nous venons de citer, au *magister census.* Ce privilége accordé seulement aux tabellions de la ville se comprend, du reste, parfaitement, à cause du bien plus grand nombre d'affaires qu'ils avaient à traiter.

§ II.

Timbre.

Dans cette même novelle 44, Justinien soumet les tabellions à une autre obligation, qui ne tient en rien à la première. Il veut que ceux-ci ne se servent que d'un papier déterminé, avec protocole ou timbre frappé dans les bureaux du *comes largitionum,* et portant la date de son émission.

Cette obligation était imposée comme condition essentielle de la validité des actes. Justinien annonce qu'il ne se montre si rigoureux que pour mieux prévenir les fraudes. Il est probable que ce papier n'était point dans le commerce, et n'était délivré qu'aux tabellions. La date du timbre pouvait aussi empêcher certaines antidates.

Rien ne l'indique; mais nous serions assez tenté de croire que cette prescription cachait quelque mesure fiscale, comme, de nos jours, celle du timbre.

§ III.

Date.

Il n'y a pas de sécurité possible sans date certaine dans les conventions. Aussi de tout temps les tabellions mirent-ils une date à leurs actes ; mais comme, dans le principe, rien n'en avait déterminé les éléments, chacun la mettait à sa façon. En général, on désignait l'année par le nom des consuls, et les mois et les jours simplement par leurs noms. Dans quelques villes, on était dans l'usage de compter les années par la date de la fondation de ces villes. Pour plus de commodité, Justinien, dans sa novelle 47, ne voulut plus qu'une seule date, une date uniforme, composée de l'année du règne de l'empereur, du nom du consul, du jour et du mois de l'*indictio*. L'*indictio* était un acte impérial renouvelé tous les ans et qui fixait l'impôt foncier à payer dans chaque province. Cette prescription s'adressait à tous ceux qui faisaient des actes : « *Undesancimus*, dit cette novelle 47, *eos quicunque* » *gestis ministrant, sive in judiciis, sive ubicunque* » *conficiuntur acta, et tabelliones, etc...* »

§ IV.

Chiffres. — Abréviations.

Pour rendre les fraudes et les altérations plus difficiles, Justinien, dans cette novelle 47, ch. 2, défend l'usage des chiffres et des signes abréviatifs, et recommande de n'employer que l'écriture ordinaire connue de tout le monde. La prohibition est générale, par conséquent elle devait atteindre les tabellions.

§ V.

Témoins.

Les actes des tabellions, nous le savons, n'avaient pas force probante, et toute leur autorité reposait sur la preuve qui pouvait être faite de leur sincérité. La preuve testimoniale était la première à laquelle on devait recourir. (L. 20, C. *de fide instr.*)

Dans la plupart des législations, et à Rome notamment, le témoignage d'une seule personne ne constituait pas une preuve suffisante : « *Testis unus, testis nullus.* » Le tabellion ne pouvait donc pas, par sa seule déposition, donner à l'un de ses actes toute son efficacité; aussi devait-il instrumenter en présence de témoins qui pussent plus tard venir certifier la sincérité des écrits auxquels ils avaient assisté. La novelle 73, ch. 5, lui en faisait du reste une obligation : « *Sed* » *et si publice instrumenta confecta sint*, dit-elle , » *licet tabellionum habeant supplementum, adjiciatur* » *et eis antequam compleantur (sicut dictum est) tes-* » *tium ex scripto præsentia.* »

Le tabellion pouvait cependant recevoir seul les donations qui devaient être insinuées : « *In donatio-* » *nibus quæ actis insinuantur, non esse necessarium* » *judicamus vicinos, vel alios testes adhiberi.* » (L.31, C. *de donationibus.*) Jusqu'à l'insinuation, en effet, ces donations étaient sans valeur, bien que faites en présence de témoins; après l'insinuation, elles étaient authentiques, et elles avaient force probante : par suite, les témoins devenaient inutiles.

Il n'était pas non plus besoin de témoins dans les actes dont l'intérêt n'excédait pas une livre d'or (environ 22 fr.); mais, dans ce cas, on n'avait guère recours aux tabellions.

Le tabellion devait se faire assister de témoins; les jurisconsultes ne nous disent pas combien il en fallait. Dans la même novelle 73, ch. 2, Justinien en exige trois pour les actes sous signatures privées. Pour les actes publics, on ne devait pas se montrer plus sévère, et deux témoins devaient suffire, car le tabellion faisait le troisième ; c'est l'opinion de Cujas : « *Sed in fo-* » *rensi instrumento*, dit-il, *putem sufficere duos (testes),* » *propterea quod tertii vicem explet tabellio.*» De cette manière, nous nous conformons au texte de la loi 12, D. *de testibus.* Dans la novelle 73, ch. 5, que nous avons citée plus haut, le législateur a voulu que les actes des tabellions fussent faits en présence de témoins, et n'en a pas fixé le nombre, et la loi 12 nous dit que, chaque fois qu'on exigeait des témoins sans en déterminer le nombre, deux devaient suffire : « *Ubi* » *numerus testium non adjicitur, etiam duo sufficient;* » *pluralis enim elocutio duorum numero contenta est.*»

Le tabellion devait se faire assister de deux témoins instrumentaires. Ceci, vrai pour les actes ordinaires, ne l'était plus quand il s'agissait de testaments. Léon, dans sa constitution 41, exige pour un testament cinq témoins lorsqu'il est fait à la ville, et trois seulement à la campagne : « *Sancimus, ut in civitatibus* » *quinque testibus stabilitum testamentum approbetur;* » *in itineribus vero et agris, aliis inhabitatis locis,*

» *trium testium confirmatio suscipiatur.* » Il résulte
de là que le tabellion qui était appelé pour faire un
testament devait en ville prendre avec lui quatre
témoins, car il faisait le cinquième ; à la campagne,
il restait sous l'empire du droit commun.

Toute personne ne devait pas pouvoir servir de témoin.

Aux termes de la constitution 48 de Léon, *Ne mulieres
in contractibus testimonium præbeant,* les femmes ne
peuvent servir de témoins dans les actes, parce que la réserve, qui leur est naturelle, ne veut pas qu'elles se mê-
lent ainsi aux affaires de la vie publique. Cette prohibition
se trouve reproduite dans les Institutes, au titre *de tes-
tamentis ordinandis*, § 5, qui défend en même temps
de prendre pour témoins, dans les testaments, l'impubère, l'esclave, le muet, le sourd, le fou, le prodigue et
celui que la loi déclare infâme et incapable : « *Sed neque*
» *mulier, neque impubes, neque servus, neque mutus,*
» *neque surdus, neque furiosus, nec cui bonis inter-*
» *dictum est, nec is quem leges jubent improbum in-*
» *testabilemque, possunt in numero testium adhiberi.* »

Cette disposition particulière aux testaments devait
s'étendre à toutes sortes d'actes ; les raisons de décider
sont les mêmes. Pour la femme, c'est incontestable,
puisque nous avons un texte spécial dans la constitution de Léon. Pour l'esclave, c'est la même chose, car
si, en justice, son témoignage n'était pas complétement
prohibé, il n'était du moins admis que lorsqu'on n'avait
pas pu se procurer d'autres preuves. La loi 0, D.
de testibus, nous dit à ce sujet : « *Servi responso*
» *tunc credendum est, cum alia probatio ad eruen-*
» *dam veritatem non est.* » Quant aux autres personnes,

au muet, au sourd, à l'impubère, au prodigue, au fou, à l'infâme et à l'incapable, on devait craindre, tout aussi bien dans les actes ordinaires que dans les testaments, l'insuffisance de leur jugement, venant de leur infirmité, de leur âge, de la légèreté de leur esprit ou de leur démoralisation.

Nous ferons remarquer que la simple puberté n'était pas suffisante pour les témoins instrumentaires, comme pourrait le faire croire notre texte des Instit-tutes. La loi 20, D. *de testibus*, refuse au demandeur le droit d'invoquer le témoignage des mineurs de vingt ans : « *In testimonium accusator citare non debet* » *cum... qui minor viginti annis erit.* » Si on avait pris pour témoin dans un acte un mineur de vingt ans, celui qui aurait voulu soulever quelque difficulté aurait été privé de son témoignage ; aussi fallait-il être non-seulement pubère, mais encore majeur de vingt ans.

Nous n'avons pas d'autres textes relatifs à la capacité des témoins instrumentaires ; mais, partant de ce principe incontestable que le tabellion ne devait ad-mettre comme témoins que ceux qui, au moment de la rédaction de l'acte, réunissaient toutes les qualités voulues pour témoigner dans l'affaire, nous pouvons induire la capacité des témoins instrumentaires de celle des témoins judiciaires.

Lorsque nous nous reportons aux différents titres qui traitent de ces derniers, nous voyons que la capa-cité était la règle générale, et que les textes ne s'occu-pent que de cas spéciaux d'incapacité. Comme il ap-paraît, du reste, de la constitution de Léon et des Instit-tutes, la même règle devait régir les témoins ins-trumentaires ; pour eux aussi la capacité était la règle générale, et l'incapacité l'exception.

On récusait à Rome le témoignage de ceux qui avaient été condamnés par jugement public et qui n'avaient pas obtenu la restitution *in integrum*, de ceux qui étaient dans les fers ou qui faisaient métier de combattre dans l'arène contre les bêtes féroces : « *Lege Julia de vi cavetur*, dit la loi 3, § 5, D. de » *testibus, ne testimonium diceret... quique judicio* » *publico damnatus erit, qui eorum in integrum resti-* » *tutus non erit; quive ad bestias ut depugnaret, se* » *locaverit.* » Le tabellion ne pouvait pas employer ces différentes personnes comme témoins ; sans cela, la prescription de la loi eût été illusoire; les actes auraient eu des témoins, et il n'y aurait pas eu de témoignage possible.

Tous ceux que nous venons d'énumérer, les femmes, les esclaves, les mineurs de vingt ans, les sourds, les muets, les fous, les prodigues, les infâmes, les incapables, ceux qui étaient condamnés par jugement public, qui étaient dans les fers, qui faisaient métier de combattre contre les bêtes féroces, étaient incapables de servir de témoins, et le tabellion devait toujours refuser leur concours.

En dehors de ces incapacités absolues, qui suivaient partout celui qu'elles atteignaient, il y avait une autre classe d'incapacités, que nous appellerons incapacités relatives, qui venaient frapper une personne à cause des rapports qui existaient entre elle et ceux dont les intérêts se trouvaient en jeu.

D'abord nul ne peut être témoin dans sa propre affaire; le principe était consacré dans ces mots de la loi 10, D. *de testibus :* « *Nullus idoneus testis in re* » *sua intelligitur.* » De là on a ensuite tiré les conséquences, et on a récusé le témoignage de tous ceux qui,

tenant par certains liens à la personne intéressée, semblaient en quelque sorte témoigner dans leur propre
affaire. C'est ainsi que le père ne pouvait pas témoigner
pour son fils, l'affranchi pour son patron et les parents de
celui-ci, le domestique pour son maître, le gendre pour
son beau-père, le mari pour sa femme, et réciproque-
ment; en un mot, tous les parents et alliés jusqu'au cinquième degré inclusivement ne pouvaient valablement
témoigner les uns pour les autres.

La loi 9, D. *de testibus*, nous dit : « *Testis idoneus*
» *pater filio, aut filius patri non est.* »

La loi 14 du même titre nous dit aussi : « *Lege Julia*
» *judiciorum publicorum cavetur, ne invito denun-*
» *tietur ut testimonium (litis) dicat adversus socerum,*
» *generum, vitricum, privignam, sobrinum, sobri-*
» *nam, sobrino natum, eosve qui priore gradu sint :*
» *item ne liberto ipsius, liberorum ejus, parentium*
» *viri uxoris; item patroni, patronæ : et ut ne pa-*
» *troni, patronæ adversus libertos, neque liberti ad-*
» *versus patronum cogantur testimonium dicere.* »

Le témoignage de ces différentes personnes, dans
les rapports que nous venons de voir, n'étant pas admis
en justice, on ne devait pas l'admettre non plus dans
les actes, et le tabellion devait refuser pour témoins,
aussi bien que ceux qui étaient frappés d'une incapacité absolue, les personnes qui se trouvaient avoir avec
les parties ou les intéressés des liens de famille ou
de parenté au degré prohibé.

Les parties, les personnes intéressées, leurs parents
ou alliés, leurs affranchis ou patrons, ne pouvaient être
témoins dans leurs actes. Ceci nous amène à dire, bien
que les textes soient muets sur ce point, que le tabel-

2

lion ne pouvait pas recevoir d'actes dans lesquels lui
ou ses parents se trouvaient ou parties, ou intéressés,
parce que, jouant le rôle de témoin, il se serait toujours trouvé déposer dans son affaire ou dans celle des
siens, ce qui revenait au même, et que, dans toute vérification, son témoignage était indispensable, ainsi
qu'il résulte de la loi 20, C. *de fide instr.*

Mais ces écrits, nuls comme *monumenta forensia,*
pouvaient valoir comme écrits privés, s'ils réunissaient
de ce côté toutes les conditions de validité. Le respect
dû aux conventions voulait qu'il en fût ainsi.

§ VI.

Signature.

Le tabellion devait encore faire signer son acte par
les parties avant de le leur remettre. Leur signature
était indispensable à la validité du contrat : « *Et si per*
» *tabelliones conscribantur (contractus),* dit la loi 17,
» C. *de fide instr., non aliter vires habere sanci-*
» *mus, nisi postremo a partibus absoluta sint.* » On
s'est toujours conformé à cette obligation, ainsi que
nous le montrent la loi 9, § *ult.,* D. *de quibus modis
pignus;* la loi 20, D. *de in rem verso;* la loi 2, C. *de
nuptiis;* la loi 8, D. *de rescind. vend.;* la loi 15, C. *de
administ. tut.,* etc.

Quand nous disons que les parties devaient signer
l'acte, nous entendons qu'elles devaient mettre au bas
une formule quelconque renfermant leur approbation ;
car les Romains n'eurent pas une signature comme la

nôtre, comprenant le nom et un paraphe toujours pareil. Ce qu'ils appelaient *signum* était leur cachet, dont l'apposition n'était pas obligatoire dans les actes ordinaires. Loyseau *(Traité des offices)* nous enseigne que néanmoins, le plus souvent, l'approbation était suivie de l'apposition de ce cachet.

La loi s'était montrée si rigoureuse au sujet de la signature des parties, qu'elle allait jusqu'à exiger que celles qui ne savaient pas écrire se fissent assister de quelqu'un pour signer à leur place. La novelle 73, ch. 8, désigne les *tabularii* ou greffiers pour remplir cet office, et, à défaut, un témoin supplémentaire : « *Oportet vero in* » *iis qui litteras nesciunt, et testes et omnino tabularios* » *adhiberi, in quibus locis sunt tabularii, maxime* » *autem testes non ignotos contrahentibus : ut quidam* » *scribant pro illitterato, aut paucas litteras sciente...* »

Les *tabularii* avaient sans doute conservé de leurs anciennes attributions comme esclaves publics , ce droit de stipuler pour autrui et de remplacer quelqu'un dans un acte. La novelle 73 parle de ces *tabularii* au pluriel; cependant, pour chaque partie , un seul était suffisant, et, dans la préface de la novelle 44, Justinien cite, sans le critiquer, un cas dans lequel il n'était intervenu qu'un seul *tabularius* : « *Ex persona quidem* » *mulieris cujusdam ferebatur documentum, litteras* » *quidem ejus non habens (erat autem harum ignara),* » *completum autem a tabellione, et* TABULARIO *subscrip-* » *tionem ejus habens, et testium ostendens prasen-* » *tiam.* »

Quant aux témoins, leur suscription n'avait rien d'obligatoire. Des chapitres 5 et 8 de la novelle 73, et de ces mots que nous venons de citer de la novelle 44, *testium ostendens præsentiam*, il résulte que leur présence à la signature des parties était seule nécessaire. L'acte devait en faire mention et renfermer des indications suffisantes sur l'individualité de ces témoins, de manière à ce que plus tard on pût' les retrouver facilement.

Le tabellion n'était pas obligé non plus de sceller ni de signer ses actes; il devait seulement indiquer son nom, pour qu'on pût reconnaître et savoir de qui l'acte émanait.

Lorsque les actes avaient plus d'une feuille, les tabellions furent longtemps soumis à une obligation qui ne paraissait plus exister du temps de Justinien. D'après un sénatus-consulte rendu sous Néron, ces feuilles ou tablettes devaient être, en présence des témoins, réunies par un triple fil qui les traversait au haut de la page et au milieu de la marge, et sur lequel on appliquait un sceau de cire, afin que les tablettes extérieures attestassent la foi due aux autres. Ce sénatus-consulte nous est rapporté par Paul dans ses Sentences, lib. VI, tit. XXV : « *Amplissimus ordo decrevit*, dit-il, *eas*
» *tabulas, quæ publici vel privati contractus scripturam*
» *continent, adhibitis testibus ita signari, ut in summa*
» *marginis ad mediam partem perforatæ triplici lino*
» *constringantur, atque impositum supra linum, ceræ*
» *signa imprimatur, ut exteriores scripturæ fidem in-*
» *teriori servent. Aliter tabulæ prolatæ nihil momenti*
» *haberent.* »

Cette formalité, avons-nous dit, finit par tomber en désuétude. Pour la remplacer, on dut soumettre la validité des actes, écrits sur plusieurs feuilles, à l'approbation de chaque feuille par les parties.

Nous ne rencontrons aucune disposition en ce qui concerne les ratures et les renvois. Nous supposons qu'ils avaient besoin d'être approuvés, car sans cela la fraude eût été réellement trop facile.

En résumé, les tabellions devaient recevoir et écrire leurs actes eux-mêmes, sur papier timbré ; une date spéciale était obligatoire ; l'usage des chiffres et des abréviations était interdit ; la présence de témoins était indispensable, et les parties devaient signer le contrat.

Nous allons voir maintenant, en examinant la responsabilité des tabellions, quels étaient les effets de l'inaccomplissement de ces diverses formalités, et sur qui devait retomber le préjudice qui pouvait en résulter pour les parties.

CHAPITRE IV.

DE LA RESPONSABILITÉ DES TABELLIONS ET DE LA NULLITÉ DE LEURS ACTES.

Parmi les formalités imposées aux actes publics, les unes avaient une importance telle, que leur omission devait entraîner la nullité de l'acte, et même de la convention, comme le défaut de date ou de signature des parties. De même l'emploi de chiffres ou de signes abréviatifs devait annuler la disposition à laquelle ils se rapportaient.

D'autres entraînaient aussi une nullité complète, mais qui était susceptible d'être couverte par une formalité postérieure, par l'insinuation. Leur omission pouvait alors avoir des suites bien moins fâcheuses.

Ces prescriptions étaient toutes celles concernant les témoins.

Dans d'autres cas enfin, la contravention à la loi, tout en rendant l'acte nul comme acte public, lui laissait sa valeur comme écrit sous signatures privées ; par exemple, un acte de tabellion, qui était nul pour n'avoir pas été fait sur papier timbré, valait comme écrit privé, car, pour celui-ci, le timbre n'était pas obligatoire. Lorsqu'un acte n'était pas de l'écriture du tabellion, et que, par suite, il était nul comme acte public, il pouvait encore valoir comme acte sous seing privé, s'il réunissait par ailleurs toutes les conditions de validité.

La nullité d'une convention entraîne toujours après elle quelque préjudice ; par qui devait-il être supporté ?

La loi naturelle nous dit que nous devons la réparation du dommage dont nous sommes la cause. Ce principe était admis dans la législation romaine, mais nulle part il ne se trouve posé comme règle générale ; et nous ne le rencontrons que dans des applications de détail, dans la loi *Aquilia*, dans la loi 1, § 7, D. *depositi*; dans la loi 7, C. *arbitrium tutelœ;* dans la loi 1, D. *de obligationibus et actionibus*, etc...

La validité des actes publics était soumise à l'accomplissement de certaines formalités. Le tabellion, institué pour dresser ces actes, et présenté aux particuliers pour rédiger leurs conventions, devait se conformer, dans l'exercice de son ministère, aux prescriptions de la loi, pour ne pas devenir la cause d'un préjudice en faisant un acte nul, et par suite pour ne pas engager sa responsabilité.

Les Romains n'avaient aucune théorie précise sur la responsabilité. Il résulte pourtant de la réunion de

divers textes spéciaux qu'ils distinguaient deux sortes
de fautes : la faute grave, assimilée au dol, *culpa lata,
culpa dolo proxima*, et la faute légère, *culpa levis,
culpa levissima*, comprenant les simples imprudences
ou négligences. Cette dernière n'était pas toujours une
source de responsabilité ; ainsi, dans les contrats de
bienfaisance, celui qui ne devait retirer aucun avantage
du contrat n'était tenu que de sa faute grave ; il en était
de même lorsque l'auteur de la faute avait agi en
même temps dans son intérêt et dans celui des tiers.

Pour déterminer une faute, il y a deux mesures possibles : l'une absolue, l'autre relative. Dans le premier
cas, on prend pour terme de comparaison l'homme en
général ; dans le second, le coupable lui-même. Ces
deux modes paraissent avoir été en usage à Rome. On
mesurait la faute d'une manière relative, *in concreto*,
chaque fois que l'auteur ne devait être tenu que de sa
faute grave ; il fallait, pour éviter la responsabilité,
apporter aux affaires d'autrui les mêmes soins qu'on
donne habituellement aux siennes. Dans les autres cas,
au contraire, la faute s'appréciait d'une manière absolue ; alors chacun, pour ne pas engager sa responsabilité, devait être aussi diligent que possible.

Lorsque des parties allaient trouver un tabellion pour
lui faire rédiger leurs conventions, il se formait une
sorte de contrat : les parties s'engageaient à payer les
honoraires, et le tabellion à faire l'acte. Celui-ci, n'a-
gissant point à titre de bienfaisance, et n'ayant aucun
intérêt commun avec les parties, aurait dû, suivant les
principes généraux que nous connaissons, et sous
peine de responsabilité, apporter dans l'exercice de ses
fonctions les soins du père de famille le plus diligent.

Mais nous ne croyons pas que sa responsabilité ait jamais été aussi étendue ; car, à côté des principes généraux, nous trouvons quelquefois exprimé dans les textes ce tempérament, que, si l'on s'est confié à une personne peu soigneuse, on ne doit s'en prendre qu'à soi-même des pertes occasionnées par la négligence de cette personne. Le tabellion était choisi par les contractants ; il pouvait, par suite, selon nous, réclamer le bénéfice de cette dernière disposition. Son caractère habituel devenait alors la règle de sa responsabilité, et il ne répondait plus que des fautes qu'il n'aurait pas commises, s'il se fût agi de ses propres intérêts. Cette doctrine a l'avantage d'être conforme à ce principe qu'à l'impossible nul n'est tenu : « *Impossibilium nulla obligatio.* » C'eût été demander l'impossible que d'exiger des tabellions une prudence, une attention au-dessus des forces de leur caractère.

Quant à la quotité des dommages-intérêts, il fallait la proportionner au préjudice souffert et à la gravité de la faute, et faire une juste répartition entre le tabellion et les parties, si ces dernières n'étaient pas exemptes de tout reproche.

Ces quelques données sur les tabellions sont les seules que nous ayons pu recueillir. L'institution, nous le voyons, ne fut jamais à Rome qu'à l'état d'enfance, et il était réservé à la loi du 25 ventôse de l'an XI de lui donner toute la perfection qu'elle a de nos jours.

DROIT FRANÇAIS.

DE LA RESPONSABILITÉ DES NOTAIRES.

INTRODUCTION.

§ Ier.

De la responsabilité en général.

L'idée du bien et du mal est innée en nous; la loi naturelle nous apprend à distinguer l'un de l'autre, en nous traçant la règle de conduite que nous devons tenir, et en nous dictant nos obligations. Cette loi, de source toute divine, aurait dû suffire pour gouverner l'humanité; mais l'homme l'a violée pour satisfaire ses passions, et la voix de la conscience est devenue insuffisante à le maintenir dans le devoir. Dès lors, la société, pour se protéger sans violer elle-même cette loi morale, a dû faire de cette dernière une loi positive et nous l'imposer expressément, afin d'avoir le droit de nous contraindre à l'observer. A partir de ce moment, nos devoirs se sont trouvés divisés en deux classes bien distinctes : devoirs moraux et devoirs légaux. Les premiers sont ceux dont le législateur ne s'est pas occupé; pour eux, la conscience est notre seul juge, et le remords la seule sanction à laquelle nous soyons soumis et ne puissions pas échapper. Les seconds, au contraire, sont ceux dont le législateur s'est emparé, et qu'il a revêtus d'une sanction spéciale. Eux seuls nous obligent vis-à-vis de la société, qui peut nous demander compte de notre conduite, lorsque nous enfreignons ses lois.

Parmi les grands principes qui se trouvent gravés au fond du cœur de chacun de nous, un des plus importants nous défend de porter atteinte aux droits d'autrui, et nous oblige, en cas de contravention, à réparer le préjudice dont nous pouvons être la cause.

Cette obligation est passée dans notre Code Napoléon, et elle se trouve consacrée au titre des délits et quasi-délits, dans les articles 1382 et 1383 du Code Napoléon.

« Art. 1382. — Tout fait quelconque de l'homme » qui cause à autrui un dommage oblige celui par la » faute duquel il est arrivé à le réparer.

» Art. 1383. — Chacun est responsable du dom- » mage qu'il a causé, non-seulement par son fait, mais » encore par sa négligence ou par son imprudence. »

D'après ces articles, pour qu'il y ait lieu à responsabilité, il faut d'abord un dommage causé; sans cela il n'y a pas de préjudice, et, par conséquent, pas de réparation possible. Il faut en outre une faute de la part de l'auteur de ce dommage, c'est-à-dire un manquement à un devoir légal.

D'après ces articles encore, une fois que le préjudice est établi, une fois que la faute, la contravention à un devoir légal est prouvée, la responsabilité doit être prononcée, sans distinguer si le dommage est la suite d'un dol, d'une fraude ou d'une faute grave, ou bien simplement d'une imprudence, d'une inattention, de l'ignorance ou de l'erreur. Le législateur n'a pas reproduit ici l'ancienne distinction des fautes ; peu lui importe la faute grave, légère ou très-légère ; il ne voit qu'un préjudice et l'obligation de le réparer, ce qui est parfaitement établi dans l'article 1383 : « Chacun est » responsable du dommage qu'il a causé, non-seule- » ment par son fait, *mais encore par sa négligence ou* » *par son imprudence;* » disposition que nous trouvons parfaitement justifiée, si nous nous reportons aux paroles que le tribun Tarrible adressait à ce sujet au Corps législatif, dans la séance du 10 pluviôse an XII : « Lors- » qu'un dommage est commis, disait-il, par la faute » de quelqu'un, si l'on met en balance l'intérêt de l'in- » fortuné qui le souffre avec celui de l'homme coupable » ou imprudent qui l'a causé, un cri soudain de justice » s'élève et répond que ce dommage doit être réparé » par son auteur. Cette disposition embrasse, dans sa » vaste latitude, tous les genres de dommage, et les as- » sujéttit à une réparation uniforme, qui a pour but la » valeur du préjudice souffert. Depuis l'homicide jus- » qu'à la blessure légère, depuis l'incendie d'un do- » micile jusqu'à la rupture d'un meuble chétif, tout est » soumis à la même loi, tout est déclaré susceptible » d'une appréciation qui indemnisera la personne » lésée des dommages quelconques qu'elle a éprou- » vés. »

Voilà en quelques mots quelles sont les bases et la nature de notre responsabilité civile.

Et il n'existe aucune position, si élevée qu'elle soit,

qui puisse essayer de s'y soustraire, et revendiquer pour soi l'impunité. Tous ceux qui remplissent une fonction sont, par cette loi générale, et, de plus, par les lois particulières qui les concernent, civilement tenus de leurs délits et quasi-délits, et doivent indistinctement réparer le dommage qu'ils ont causé par leur faute. Ainsi les fonctionnaires publics, les officiers publics et ministériels, en un mot toutes les personnes qui ont un emploi, sont responsables des actes par eux accomplis dans l'exercice de leurs fonctions.

Au nombre des officiers publics, le notaire figure au premier rang. C'est à sa responsabilité que nous allons consacrer toute notre attention, et si nous avons dit quelques mots de la responsabilité en général, c'est que les principes sur lesquels elle repose sont aussi le fondement de la responsabilité notariale, et que leur connaissance nous était indispensable pour l'étude de cette dernière.

§ II.

De la responsabilité des notaires en particulier.

« Les notaires, dit l'article 1er de la loi du 25 ven-
» tôse an XI, sont les fonctionnaires publics établis
» pour recevoir tous les actes et contrats auxquels les
» parties doivent ou veulent faire donner le caractère
» d'authenticité attaché aux actes de l'autorité publi-
» que, et pour en assurer la date, en conserver le dépôt,
» en délivrer des grosses et expéditions. »

Le notaire nous est présenté comme le magistrat de la juridiction volontaire, chargé de constater d'une façon permanente et certaine nos conventions. Son ministère, souvent forcé, forme un des principaux liens de l'ordre social ; car toutes les actions de la vie humaine, toutes les combinaisons des volontés et des intérêts des hommes sont dans ses attributions. Pour empêcher le notaire d'abuser de sa puissance, ses fonctions ont dû être entourées d'obligations toutes particulières, obligations qui, imposées par la loi, créent des devoirs légaux. Les principes que nous connaissons déjà en matière de responsabilité, nous disent que le notaire devra remplir toutes les prescriptions auxquelles il se trouve soumis, sous peine de se voir obligé de réparer le préjudice qu'il pourrait causer par ses omissions.

Mais, comme le notaire est soumis à des obligations nombreuses et difficiles, comme il est forcé de prêter son ministère, sa responsabilité devait être régie par des règles toutes spéciales. Le législateur l'a compris, et, dans la loi de ventôse, il a consacré le principe de la responsabilité civile du notaire, résultant de ses délits et quasi-délits, principe tout différent de celui du droit commun, et auquel il y a lieu de recourir chaque fois que le notaire a manqué aux devoirs de sa profession.

En dehors de cette responsabilité professionnelle, et sans nous occuper de sa responsabilité pénale, le notaire pourra encore se trouver exposé à une autre responsabilité que nous appellerons contractuelle. Souvent en effet, forcément même, l'existence d'un dépôt, d'un mandat, d'une gestion d'affaires, se mêle à l'exercice de ses fonctions. Ces contrats donnent lieu, par suite, dans leur exécution, à une responsabilité particulière. Il importe de ne pas la confondre avec la res-

ponsabilité générale, qui pèse sur le notaire en sa qualité d'officier public; car chacune d'elles repose sur
des éléments dont les caractères et l'appréciation sont
très-différents. Elles peuvent se cumuler, mais elles se
fondent séparément sur des faits essentiellement dis-
tincts; de sorte que, sous le rapport de l'exercice de
ses fonctions, le notaire peut être irréprochable, tandis que, comme dépositaire, mandataire ou gérant
d'affaires, il peut être responsable des fautes qu'il com-
mettrait dans l'exécution de ses engagements.

Pour bien connaître toute sa responsabilité, il faut
donc le prendre sous ces différents aspects, voir quels
sont ses devoirs et ses obligations dans chacune de ces
positions, et quelle sanction s'y trouve attachée.

PREMIÈRE PARTIE.

DE LA RESPONSABILITÉ DES NOTAIRES COMME OFFICIERS PUBLICS.

CHAPITRE PREMIER.

DES BASES ET DE L'ÉTENDUE DE CETTE RESPONSABILITÉ.

Le notaire, comme notaire, comme officier public, a des devoirs professionnels à remplir, et s'il ne s'y conforme pas, il peut être tenu de réparer le dommage dont il est ainsi la cause. Sa responsabilité, avons-nous dit, n'est plus celle du droit commun, et elle est soumise à des règles particulières. Nous la trouvons consacrée dans les art. 6, 12, 16, 18, 23, 33, et surtout dans l'art. 68 de la loi de ventôse : « Tout acte, dit-il, fait en
» contravention aux art. 6, 8, 9, 10, 14, 20, 52, 64, 65,
» 66 et 67, est nul, s'il n'est pas revêtu de la signature
» de toutes les parties contractantes ; et lorsque l'acte
» sera revêtu de la signature de toutes les parties con-
» tractantes, il ne vaudra que comme écrit sous si-
» gnatures privées, *sauf, dans les deux cas, s'il y a*
» *lieu, les dommages-intérêts contre le notaire contre-*
» *venant.* »

Indépendamment de cet article et de ceux que nous avons cités auparavant, il existe encore dans la loi de ventôse, dans le Code Napoléon, dans le Code de commerce et dans le Code de procédure civile, des obligations assez nombreuses, qui sont imposées au notaire soit pour la validité de ses actes, soit pour mettre à couvert les intérêts de ses clients, et qui n'ont été revêtues d'aucune sanction particulière. L'infraction à ces obligations sera-t-elle une cause de responsabilité ?

Quelques auteurs, en présence de l'énumération précise de l'art. 68, ont soutenu la négative, prétendant que cet article est limitatif, qu'il renferme une dérogation au droit commun en matière de responsabilité, que ce droit commun est inapplicable au notaire, et que, par suite, tout devoir qui a été imposé à ce fonctionnaire sans avoir été revêtu d'une sanction spéciale, n'est qu'un devoir imparfait, et constitue seulement une obligation morale.

Nous ne saurions admettre un pareil système, et pour nous, toutes les fois qu'un texte spécial ne viendra pas sanctionner le fait reproché au notaire, nous croyons devoir recourir au droit commun, aux principes généraux, aux articles 1382 et 1383, modifiés comme ils doivent l'être, ainsi que nous l'établirons bientôt.

En effet, ces articles, qui ont transformé en devoir légal l'obligation morale où nous sommes de réparer le dommage dont nous pouvons être la cause, posent une règle générale. Une règle générale et de droit commun une fois établie, il est de principe qu'elle doit être appliquée indistinctement, à moins qu'un texte spécial n'y soit venu apporter quelque dérogation : « *specialia generalibus derogant.* » Cette dérogation ne se trouve nulle part, en ce qui concerne les notaires. Ceux-ci, par les articles de la loi du 25 ventôse que nous avons énumérés, sont soumis à certains devoirs, à certaines obligations qu'ils doivent remplir, sous peine d'être obligés de réparer le préjudice qu'ils pourraient causer aux tiers en y contrevenant ; mais la loi ne dit pas qu'elle a eu en vue de sanctionner tous les devoirs, toutes les obligations qui peuvent engager la responsabilité du notaire. L'article 68 dit que ce dernier devra des dommages-intérêts dans les cas où son acte sera nul par suite des fautes qu'il prévoit ; mais il ne dit pas qu'il n'en devra que dans ces cas, et que, sorti du cercle des hypothèses dans lesquelles la poursuite est autorisée, le notaire, à la condition de ne pas franchir les limites du dol ou de la fraude, pourra manquer impunément à toutes les obligations de son ministère. Aussi devra-t-on toujours pouvoir argumenter des art. 1382 et 1383.

Sans cela, du reste, la loi ne se comprendrait pas. Elle imposerait au notaire, dans la loi de ventôse, l'obligation de prêter son ministère (art. 3), de résider dans un lieu déterminé (art. 4), de s'assurer de l'identité des parties (art. 11), de se conformer à telle ou telle formalité nécessaire à la validité de ses actes (art. 13). Elle lui imposerait mille autres obligations dans de nombreux textes du Code Napoléon, du Code de commerce et du Code de procédure ; et parce que chacune d'elles n'aurait pas été revêtue de sa sanction spéciale, le notaire y contreviendrait impunément, n'aurait à craindre aucune réparation possible, et serait au-dessus de la loi, qu'il pourrait, dès lors, considérer comme une lettre morte. Si le législateur a ainsi édicté des prescriptions sans les sanctionner, c'est qu'il devait poser ailleurs une règle générale capable de les atteindre toutes.

Nous avons dit que les articles 1382 et 1383 établissent une responsabilité entière et absolue ; qu'ils

3

n'admettent aucune distinction dans les fautes; que d'après eux la plus légère aussi bien que la plus grave oblige à réparer tout le préjudice causé. Le notaire, à cause de l'obligation dans laquelle il est de prêter son ministère, des nombreuses erreurs auxquelles il est exposé, et de toutes les surprises dont il peut être l'objet de la part même des parties, ne pouvait pas rester soumis à une telle responsabilité. Il devait y avoir pour lui une différence entre la légèreté et le dol, et sa responsabilité réclamait de justes bornes. L'intérêt même des particuliers l'exigeait, et les parties, trop protégées, ne l'eussent plus été du tout; car, si la responsabilité du notaire était indéfinie, si les recours accordés contre lui n'avaient plus de limites, la profession, à cause du danger inévitable qu'il y aurait à l'exercer, serait abandonnée par tout homme prudent, soucieux de son honneur et de sa fortune, et laissée aux téméraires et aux ambitieux, pour lesquels sont bons tous les moyens de s'enrichir.

Aussi le notaire a-t-il obtenu, dans l'article 68, que nous avons cité, toute la protection que demandait la nature de ses fonctions.

En appliquant aux cas prévus et non sanctionnés les articles 1382 et 1383, nous devrons placer à côté de la règle du droit commun le tempérament apporté par la loi spéciale.

La loi du 25 ventôse, qui est le véritable code du notariat, et qui a si bien réglé les obligations du notaire, pèche en ce qui concerne sa responsabilité. Elle ne pose à ce sujet aucune règle formelle et générale. Tantôt elle prononce la responsabilité sans réserve, tantôt elle ne la prononce pas du tout, et ce n'est que dans l'art. 68 qu'apparaît l'intention du législateur. Ce dernier, après avoir prononcé la responsabilité du notaire, y met une restriction qui revêt un caractère de généralité et qui, dans la matière, s'élève à la hauteur d'un principe. Nous la trouvons dans ces mots, *s'il y a lieu*, lorsqu'il a été dit : « sauf dans les deux cas, *s'il y a lieu*, » les dommages-intérêts contre le notaire contre» venant. »

Cette restriction, qu'une interprétation trop judaïque n'eût appliquée qu'aux hypothèses prévues dans l'article 68, et seulement aux cas de nullité d'acte, a été étendue à toutes les autres dispositions de la même loi. On a tenu compte des raisons que nous avons déjà fait valoir, de l'imperfection de la loi et de la volonté évidente du législateur. Les auteurs et la jurisprudence sont unanimes à cet égard, et ils ont fait de ces mots, *s'il y a lieu*, une règle générale en matière de responsabilité notariale.

Aussi, quand la loi de ventôse sera muette, quand on sera obligé de recourir aux articles 1382 et 1383, on devra en même temps en rapprocher la disposition restrictive, *s'il y a lieu*, et ne l'en jamais séparer, chaque fois qu'on sera en présence d'un fait professionnel reproché à un notaire.

Ces principes, hors de doute aujourd'hui, sont consacrés dans de nombreuses décisions judiciaires, et notamment dans un arrêt de la Cour de cassation du 27 novembre 1837. Il s'agissait d'une nullité de testament. Bien que les formalités concernant cette sorte d'acte ne soient pas déterminées par la loi de ventôse, et qu'elles n'aient pas été spécialement sanctionnées, l'action fut admise contre le notaire, conformément aux art. 1382 et 1383. Mais la Cour, rapprochant aussi de ces articles l'art. 68 de la loi de ventôse, et usant du bénéfice que lui accordait ce dernier, a déclaré, tout en admettant la nullité, que le notaire n'en était pas responsable.

Le notaire doit être déclaré responsable, *s'il y a lieu;* il nous faut expliquer ce que l'on doit entendre par là, et préciser quelle dérogation se trouve apportée au droit commun.

Ces mots, *s'il y a lieu,* ont fait naître des difficultés sérieuses, et ont servi de texte à différents commentaires.

Les uns ont pensé qu'ils devaient être entendus dans ce sens : s'il y a lieu à des dommages-intérêts, s'il y a préjudice causé. Mais alors ces mots n'auraient plus aucune utilité, aucun à-propos, ni aucune signification; car il est évident que, s'il n'y a pas de préjudice, il n'y aura pas de réparation, pas de dommages-intérêts possibles. Le législateur, en général, a été sobre de paroles, et il n'a rien dit qui ne dût avoir sa portée. Cette expression, *s'il y a lieu,* doit donc avoir un sens, et sans cela elle serait également employée dans les autres cas de responsabilité, à propos de la responsabilité ordinaire, par exemple. Aussi nous abandonnons ce système, qui pourrait entraîner des conséquences trop funestes, et qui n'a, du reste, jamais été consacré par la jurisprudence.

D'autres ont voulu restreindre le bénéfice de ces mots, *s'il y a lieu,* aux nullités d'actes, aux cas prévus par l'art. 68. Cette interprétation serait conforme à la lettre de la loi; mais elle est évidemment opposée à son esprit, car le législateur n'a pas pu vouloir punir moins sévèrement que les autres obligations celles qui concernent la validité des actes, qui sont les plus importantes et les plus difficiles à omettre. La jurisprudence n'ayant pas donné plus de suite à ce système qu'au précédent, nous ne nous y arrêterons pas davantage.

Le plus grand nombre des auteurs, et surtout ceux qui ont spécialement étudié la matière, expliquent ces mots, *s'il y a lieu*, par ceux-ci : s'il y a dol, ou faute grave pouvant être assimilée au dol. D'après eux, ces mots conservent la distinction des fautes de notre ancien droit ; par suite, le notaire n'est pas responsable de la faute très-légère, c'est-à-dire de celle qu'il ne peut éviter qu'en prenant les plus grandes précautions, ni de la faute légère, c'est-à-dire de celle qu'il commet même dans l'administration de ses propres intérêts ; il ne répond que de la faute grave, de celle qu'il ne commet pas dans la gestion de ses affaires personnelles.

Cette interprétation, la première qui se présente à l'esprit, et, selon nous, la plus juridique, prend encore de la consistance, par suite de l'observation faite dans l'exposé des motifs de la loi de ventôse. Les rédacteurs nous font remarquer que, pour ce qui concerne les actes, ils n'ont fait que suivre les anciens principes. A propos de ces actes et de leur nullité, ils ont dit que le notaire ne serait responsable que *s'il y a lieu;* autrefois le notaire n'était responsable que du dol ou de la faute grave. En disant qu'il serait responsable s'il y avait lieu, et en ne s'expliquant pas davantage, le législateur, qui suivait les anciens principes, a évidemment entendu consacrer purement et simplement l'ancienne règle, et n'a voulu obliger le notaire à réparer le préjudice que lorsque ce préjudice était le résultat d'une faute grave,

Cette opinion, avons-nous dit, était celle de la plupart des jurisconsultes, et surtout de ceux qui ont écrit sur le notariat.

« Les peines, dit Massé *(Parfait Notaire)*, doivent
» être proportionnées aux délits, et elles seraient hors
» de toute proportion, si une simple inadvertance pou-
» vait entraîner une condamnation telle, qu'elle dût
» ruiner le notaire auquel elle serait échappée. On
» sent donc que ces sortes de causes sont toujours un
» peu abandonnées à l'équité et à la conscience des
» juges. Aussi les dispositions de la loi qui prescrivent
» des formalités à peine de tous dommages-intérêts
» ajoutent ordinairement ces mots, *s'il y a lieu;* ce
» qui peut s'entendre non-seulement si l'omission a
» causé un dommage, mais encore *s'il y a véritable-*
» *ment lieu d'appliquer la peine.* »

Dans le *Dictionnaire du Notariat* nous lisons : « La
» loi du 25 ventôse an XI (art. 68), par les mots, *s'il*
» *y a li e, suivant l'exigence des cas,* éloigne l'idée
» d'une responsabilité absolue.

» La loi no peut dà vouloir qu'une omission, une
» faute légère, résultat d'une simple inadvertance,
» d'une précipitation souvent nécessaire, pût compro-
» mettre la fortune entière d'un notaire. »

M. Rolland de Villargues s'exprime ainsi sur la question qui nous occupe : « Ce n'est point le principe
» général de la responsabilité des fautes, tel qu'il est
» aujourd'hui consacré par les articles 1382 et 1383
» C. N., qui doit être appliqué aux omissions ou aux
» autres erreurs que commettent les notaires. Il faut,
» pour eux, que la faute soit aggravée par quelque
» circonstance qui la rende véritablement inexcusable.

» C'est, si l'on veut, un droit spécial au notariat; mais
» ce ne sont pas seulement les notaires que protégerait
» ainsi la jurisprudence; les autres fonctionnaires pu-
» blics, les magistrats ne sont-ils pas plus qu'eux
» encore à l'abri des actions en responsabilité ? »

En dehors du notariat, nous pouvons encore citer
MM. Duranton et Solon :

« Les tribunaux, dit M. Duranton dans son *Cours*
» *de droit français*, ne doivent déclarer le notaire res-
» ponsable qu'autant que la faute par eux commise est
» d'une nature grave. Les tribunaux ont, à cet égard,
» un pouvoir discrétionnaire qui leur est attribué par
» la loi elle-même en ces termes, *s'il y a lieu*. On
» sent, en effet, combien il eût été rigoureux pour une
» faute d'attention, une simple négligence ou un oubli,
» de soumettre un officier public à une responsabilité
» absolue, qui souvent aurait pu consommer sa ruine.
» Sans doute, en principe, tout fait quelconque de
» l'homme qui cause à autrui un dommage, oblige
» celui par la faute duquel il est arrivé à le réparer.
» Nous ajouterons même qu'il est de principe, aussi,
» que celui qui exerce une profession est censé pro-
» mettre une habileté suffisante pour l'exercer comme
» il faut : *Is qui profitetur artem proficisci quoque pe-*
» *ritiam censetur.* Mais l'application de ces mêmes
» principes doit se faire avec sagesse et humanité :
» tel est le vœu du législateur. Les fonctions du no-
» taire seraient par trop périlleuses, si ces officiers pu-
» blics devaient être responsables, dans tous les cas,
» de la nullité de leurs actes, et la raison eût alors de-
» mandé qu'ils pussent stipuler des honoraires en
» conséquence, et même, en quelque sorte, une prime

» d'assurance. Mais telle n'est pas la pensée de la loi ;
» elle les rend, il est vrai, responsables, mais s'il y a
» lieu, comme sous une condition, laissant ainsi aux
» tribunaux le soin de voir si le cas s'est réalisé. Ses
» dispositions à cet égard sont pleines de sagesse, sur-
» tout dans une législation qui ne rend point les juges
» responsables des suites de leurs jugements, quand ce
» n'est que par impéritie qu'ils les ont re..dus, quoique
» ce fût contre le texte formel des lois. »

M. Solon *(Théorie de la nullité)* nous dit aussi : « Il
» ne suffit pas que le notaire ait fait un acte nul, pour
» que les juges doivent le condamner à garantir les
» parties des suites de la nullité ; il faut que l'omission
» soit grave, que l'erreur soit grossière, qu'en un mot
» le notaire ait négligé ce qu'en général on n'aurait
» pas négligé : *Quia non intelligit quod omnes in-*
» *telligunt.* Il faut plus encore : il faut que les juges
» puisent des motifs de décider dans les circonstances ;
» ils doivent distinguer les nullités résultant de simples
» omissions de celles qui résultent de contraventions
» actives et patentes. La première peut être le résultat
» d'une erreur, et, comme l'erreur involontaire, elle
» doit être excusée : *Errare humanum est.* La seconde,
» au contraire, met en quelque sorte le notaire en état
» de rébellion contre le législateur, et c'est une dés-
» obéissance formelle à la volonté de la loi. »

Malgré tout cela, on ne peut pas se dissimuler que
ces mots, *s'il y a lieu*, laissent dans l'esprit beaucoup
de vague et beaucoup d'incertain ; et, après avoir admis,
comme ayant été la véritable pensée du législateur,
qu'ils contiennent une dérogation, une restriction à la
responsabilité générale, nous ne pouvons nous empê-

cher d'avouer que cette dérogation est assez mal établie ; aussi n'a-t-elle jamais été bien définie, bien caractérisée par la jurisprudence. Le juge admet en principe la théorie à laquelle nous nous attachons, et il veut, comme nous, que le notaire ne soit responsable que s'il y a faute suffisante ; mais, comme cette faute a été laissée à son appréciation, en pratique il fait ce qu'il veut.

Dans le principe, la jurisprudence s'était montrée assez favorable aux notaires. Ainsi un arrêt de la Cour de Rouen, du 7 juin 1809, dans une affaire où un testament avait été annulé pour défaut de mention de la lecture à la testatrice *en présence des témoins*, rejetait l'action en garantie intentée contre le notaire, en disant « qu'il n'est garant des actes de son ministère que » pour dol personnel, ou erreur grossière équipol- » lente à dol. »

Dans un arrêt du 16 août 1810, la Cour de Grenoble déclarait que l'oubli involontaire et la faute échappée à l'attention n'étaient point des causes de responsabilité.

Le 7 mai 1810, la Cour de Douai décidait que l'omission de la mention formelle de la signature d'un donateur dans un contrat de mariage ne constituait pas une faute grave, de nature à rendre le notaire responsable, alors que neuf parties avaient signé, et que la signature de huit se trouvait mentionnée.

La Cour de Paris, le 10 mars 1830, renvoyait un notaire de l'action dirigée contre lui, par ce motif que l'erreur par lui commise n'avait pas eu lieu *de mauvaise foi*. Cet arrêt fut confirmé par la Cour de cassation.

Vers cette époque, on commença à s'écarter de ces premières décisions. On était déjà loin du temps où la loi avait été promulguée, et, on avait oublié les motifs qui avaient inspiré le législateur. Tout en reconnaissant toujours le principe établi dans l'article 68 de la loi de ventôse, les tribunaux souvent n'en tinrent plus compte, et rendirent aussi bien le notaire responsable d'une inattention ou d'une erreur que d'un dol véritable. Ainsi un notaire chargé de rédiger une mainlevée avait, par erreur, désigné le numéro d'une inscription autre que celle dont les parties consentaient la radiation. Le conservateur raya l'inscription désignée, et une rente viagère qu'elle conservait fut dès lors sans garantie. La Cour de Lyon déclara le notaire responsable, et le condamna, le 13 avril 1832, à réparer le préjudice. Il y avait pourtant simple erreur, et encore était-ce une erreur tenant au fond même de l'acte, qui, dès lors, nous le verrons plus tard, devait être à la charge des parties.

La Cour de Nancy, le 27 mars 1830, rendait aussi un notaire responsable du défaut d'acceptation expresse d'une donation.

Nous pourrions citer une foule d'arrêts du même genre, dans lesquels la jurisprudence a considéré comme faute grave et sans excuse la légèreté, l'imprudence, l'impéritie, en un mot toute faute émanant d'un notaire. Mais ces décisions d'espèces ne portent aucune atteinte au principe, qui domine toujours; et si nous les signalons, ce n'est que pour avertir le notaire du pouvoir discrétionnaire abandonné aux magistrats, et ne pas le laisser trop confiant dans le bénéfice de l'article 68. Aussi, ne considérant que la théorie, pouvons-nous dire que la faute grave peut seule engager sa responsabilité.

Pour connaître maintenant toute l'étendue de cette responsabilité, il nous suffit de rechercher quels sont les devoirs et les obligations que le législateur a imposés au notaire. Une fois ces devoirs et ces obligations connus, la responsabilité le sera aussi ; car toute infraction venant d'une faute jugée grave, y donnera lieu, que cette infraction ait été ou non revêtue d'une sanction spéciale.

Quant aux dommages-intérêts à prononcer, en principe ils doivent être la juste réparation de la faute qui a été commise, et proportionnés au préjudice qui a été souffert. Pour les déterminer, il faudra évaluer ce préjudice, se bien rendre compte des conséquences de la faute du notaire, et s'assurer que le tort qu'on invoque est bien le résultat de cette faute. C'est ainsi, du reste, qu'on procède en justice. Un testament était annulé pour vice de forme et pour vice de fond ; le notaire qui l'avait reçu était actionné en garantie. La Cour de Bordeaux, le 8 mai 1860, a repoussé l'action en dommages-intérêts, parce qu'on ne pouvait pas dire que la nullité de forme, seule imputable au notaire, fût la cause du préjudice que souffraient les légataires ; car l'acte eût-il été valable en la forme, il n'en eût pas produit plus d'effets, à cause de la nullité de fond. Mais la Cour, en renvoyant le notaire de la demande dirigée contre lui, le condamnait aux frais de l'instance alors que ce procès avait pour cause la nullité de forme.

Lorsque le préjudice occasionné sera déterminé, le montant des dommages-intérêts ne le sera pas encore pour cela ; car, en matière de responsabilité notariale,

il ne faut pas perdre de vue la disposition, *s'il y a lieu*,
de l'article 68 ; ces mots, laissant le juge souverain
appréciateur de la faute, le laissent aussi souverain
appréciateur de la réparation ; et tout en reconnaissant
que le notaire a manqué à l'un de ses devoirs, les tribunaux pourront ne le condamner qu'à des dommages-
intérêts bien inférieurs au préjudice causé. C'est ce
qui arrive lorsque la faute est légère, ou lorsque les
parties ne sont pas exemptes de tout reproche, lorsqu'elles ont en quelque sorte participé à la contravention.

Cette évaluation des dommages-intérêts étant laissée
à l'arbitraire des magistrats, nous ne nous en occuperons pas davantage, et nous raisonnerons comme si le
tort causé devait toujours être réparé en entier.

Si nous parcourons les lois qui concernent le notaire,
nous voyons que toutes les obligations qui lui sont
imposées ont trait soit à des devoirs particuliers de la
profession, soit à la validité des actes. C'est sous ces
deux chefs que nous allons les passer en revue, et examiner quelle peut être, en cas d'inaccomplissement, la
responsabilité du notaire. La responsabilité n'est pas
la seule sanction attachée à ces obligations. Ainsi la loi
prononce encore, dans certains cas, la destitution ou
la suspension, dans d'autres de simples amendes ;
mais, comme on a déjà pu le pressentir, nous ne
nous occuperons point des fautes du notaire à ces différents points de vue, et nous n'envisagerons que les
dommages-intérêts qu'elles peuvent entraîner.

CHAPITRE II.

DE LA RESPONSABILITÉ DES NOTAIRES A RAISON DES DEVOIRS PARTICULIERS DE LEUR PROFESSION.

Sous cette première division, nous comprenons les devoirs et obligations du notaire qui ont pour but de sauvegarder les intérêts des tiers et des clients, et qui no concernent ni la rédaction, ni la forme, ni les énonciations des actes.

Ces devoirs et ces obligations sont, pour le notaire, de :

Prêter son ministère lorsqu'il en est requis;

S'assurer de l'individualité des parties;

Conserver ses minutes;

Ne délivrer qu'une seule grosse à chaque partie intéressée;

Afficher le tableau des interdits;

Occuper la résidence qui lui a été fixée;

Ne pas communiquer ses actes aux tiers;

Donner certains avis aux établissements publics;

Faire enregistrer ses actes;

Surveiller les faits de ses clercs.

§ 1er.

Obligation de prêter son ministère.

Dans la séance du 12 prairial an VII, M. Cailly, rapporteur d'un projet de loi sur le notariat, disait :

« Le ministère du notaire est un ministère néces-
» saire ; il ne peut le refuser lorsqu'il en est requis,
» et ce serait aller contre le principe de la matière
» que de lui laisser la liberté du refus ; s'il participe
» aux fonctions d'une honorable magistrature, son
» temps et ses facultés appartiennent à tous ses conci-
» toyens et à tous ceux qui ont besoin de son minis-
» tère. Comme le juge se doit à l'administration de la
» justice, le notaire se doit tout entier aux fonctions
» que la loi lui délègue ; elle devait donc le rendre ga-
» rant d'un refus déplacé. »

Rien de plus juste que ces raisons ; aussi, plus tard,
la loi du 25 ventôse an XI a-t-elle consacré le principe
en disant dans son article 3 : « Ils (les notaires) sont
» tenus de prêter leur ministère, lorsqu'ils en sont re-
» quis. »

Cette obligation, nettement formulée, peut souvent
devenir pour le notaire la cause d'une grande responsabilité ; on le comprendra sans peine si l'on se met, par
exemple, dans l'hypothèse d'un testament. Une personne, pour faire son testament, fait appeler un notaire qui refuse de se rendre, et elle vient à mourir
avant d'avoir pu se procurer un autre mode de ma-
nifester légalement ses dernières volontés. Si ceux que
le défunt voulait gratifier peuvent d'une façon quelconque établir ce qu'étaient réellement ses intentions,
et qu'il y a eu pour eux préjudice dans le refus du notaire, ce dernier pourra être condamné à réparer ce
préjudice. Ce que nous disons du testament serait également vrai de tout autre acte où le refus de ministère
deviendrait la cause de quelque dommage.

Nous disons que le notaire *pourrait* être condamné,

parce qu'il y a des cas où, sans engager sa responsabilité, il peut et doit même refuser son ministère. L'excuse légitime peut provenir de trois causes : d'une cause physique, d'une prohibition directe et d'une prohibition indirecte.

1° *Empêchement venant d'une cause physique.* Le notaire ne saurait être responsable de n'avoir pas prêté son ministère, lorsqu'il y a pour lui un empêchement, une impossibilité physique : « *impossibilium nulla fit obligatio;* » par exemple, lorsqu'il est retenu chez lui par une maladie, par un accident, lorsque son ministère le réclame déjà impérieusement ailleurs.

Il ne saurait être davantage responsable, quand il est arrêté, non plus par une impossibilité radicale, mais par un danger sérieux : comme si, pour se rendre où on le mande, il lui fallait traverser, au péril de ses jours, un pays inondé ou envahi par une épidémie ; si la personne auprès de laquelle il est appelé était atteinte d'une maladie contagieuse. Si la crainte d'un danger est une cause légitime d'excuse, il ne faut pas oublier que les tribunaux seront juges de cette crainte, et qu'en la déclarant insuffisante ou puérile, ils pourront toujours condamner le notaire à des dommages-intérêts. Comme celui-ci ne répond pas de ses fautes légères, et que sa culpabilité doit s'apprécier d'après son caractère habituel, les juges devront tenir compte de ce caractère, et si le notaire leur apparaît timoré, si un rien est pour lui une cause d'effroi, s'il est établi, en un mot, que c'est la crainte seule, et une crainte sérieuse et véritable dans son esprit, quoique chimérique pour tout autre, qui l'a empêché d'agir, ils devront le renvoyer de la plainte dirigée contre lui.

Il va sans dire qu'en cas de poursuites, ce sera au notaire à établir la sincérité des excuses qu'il proposera; la preuve d'un fait est toujours à la charge de celui qui l'invoque : « *actoris est probare.*»

2° *Prohibitions directes.* Le notaire ne sera pas encore tenu de prêter son ministère, et son refus ne le rendra jamais responsable, quand la loi lui défendra d'agir, ce qui aura lieu dans les cas suivants :

Lorsqu'on l'appellera hors de son ressort (art. 6, l. 25 vent. an XI);

Lorsqu'il s'agira d'un acte dans lequel lui ou ses parents au degré prohibé seraient ou parties ou intéressés (art. 8, l. 25 vent. an XI);

Lorsque les parties lui seront inconnues et que leur identité ne lui sera pas attestée (art. 11, l. 25 vent. an XI);

Lorsqu'en dehors des cas déterminés par la loi, on voudra stipuler la contrainte par corps (art. 2063 Cod. Nap.);

Lorsque certaines personnes qui ont besoin d'une autorisation préalable pour contracter ne l'auront point obtenue (art. 2, ordonnance du 14 janvier 1831);

Enfin, lorsqu'on refusera de consigner les droits d'enregistrement, parce que, le notaire en étant tenu vis-à-vis du Trésor, il ne serait pas juste qu'il fût forcé d'en faire l'avance.

Dans tous ces cas, au contraire, le notaire, en prêtant son ministère, engagerait sa responsabilité, ainsi que nous le verrons bientôt.

3° *Prohibitions indirectes.* A côté de ces prohibitions directes, il s'en trouve d'autres qui, sans défendre expressément au notaire d'agir, lui seront toujours une

cause suffisante d'excuse. Il serait de son devoir de
s'abstenir, si l'acte qu'on lui demande ne devait pas
réunir toutes les conditions de validité, s'il était contraire à l'ordre public et aux bonnes mœurs, si les
conventions des parties semblaient entachées de dol ou
le consentement vicié. Ainsi, par exemple, si une partie ne paraissait pas jouir de toutes ses facultés intellectuelles, le notaire ne devrait point recevoir l'acte, et son
refus de ministère, quelque dommageable qu'il fût, ne
pourrait devenir la cause d'une action en responsabilité.
Le notaire est seul juge en pareil cas; la loi s'en rapporte à sa sagacité.

La jurisprudence est unanime sur ce point; la Cour
de Bordeaux a décidé, le 3 août 1841, qu'on ne pouvait intenter aucune action contre un notaire qui, après
avoir écrit un testament et l'avoir fait signer des témoins et du testateur, avait refusé de le compléter par
sa propre signature, parce que ce dernier ne lui sem-
blait pas jouir de toutes ses facultés intellectuelles.

Mais, bien entendu, si l'on venait à prouver que ce
refus n'est que le résultat d'un dol ou d'une fraude,
il y aurait lieu à des dommages-intérêts.

Le notaire pourrait encore se refuser à recevoir un
acte dans lequel on ne voudrait pas se conformer aux
prescriptions de la loi, par exemple quand il s'agit de
mineurs ou d'interdits, ou bien encore lorsque l'acte est
un acte illicite, comme un pacte sur une succession
future, un partage des biens d'une personne encore vi-
vante.

Il ne devrait pas constater non plus des déclarations
injurieuses pour des tiers; car, en le faisant, il s'exposerait à des dommages-intérêts, comme lorsqu'il

4

existe une prohibition directe. Le tribunal de Saint-
Malo l'a ainsi jugé, et son jugement a été confirmé par
un arrêt de la Cour de Rennes du 14 février 1842.

Le notaire n'est pas obligé non plus d'instrumenter
les jours de dimanche et de fêtes légales; il peut invoquer le bénéfice de l'article 57 de la loi du 18 germi-
nal an X, qui pour ces jours recommande le repos aux
fonctionnaires publics. Il en serait de même s'il était
requis d'agir à une heure anormale de la nuit. Toutefois, en cas d'urgence, de testament par exemple, il
n'en serait plus de même, et les personnes intéressées
pourraient demander compte au notaire de son refus de
ministère.

§ II.

Individualité des parties.

« Le nom, l'état et la demeure des parties, dit l'article 11 de la loi du 25 ventôse an XI, devront être connus des notaires, ou leur être attestés dans l'acte par
deux citoyens connus d'eux, ayant les mêmes qualités
que celles requises pour être témoin instrumentaire. »

Le notaire doit connaître le nom, l'état et la demeure
des parties, ce qui s'entend du nom de famille, de la
profession et de l'habitation, indications considérées
comme suffisantes pour établir l'individualité d'une
personne. Quant aux prénoms, il n'en est pas question; le notaire, qui, aux termes de l'art. 13, est néanmoins obligé de les établir, pourra s'en rapporter à la
déclaration des parties, sans exposer sa responsabilité,
car la loi ne lui prescrit aucune recherche à cet égard.

Cette opinion a été consacrée en jurisprudence par un jugement du tribunal de Montreuil, confirmé par la Cour de Douai le 4 juillet 1821, et par la Cour de cassation le 8 janvier 1823.

L'obligation de l'article 11 n'a nullement trait à la validité des actes ; car, si le notaire ne s'y soumet pas, et s'il passe un acte pour des parties qui lui sont inconnues, mais dont l'identité est véritable, l'acte n'en sera pas moins valable ; et, comme la convention est légalement formée, on prouverait en vain que le notaire ne les connaissait pas, et ne s'est point fait attester leur individualité, et on ne saurait demander la nullité de l'acte.

La disposition de l'article 11 était complétement superflue pour donner lieu à une nullité dans le cas où une personne se serait donnée pour une autre ; car la personne faussement désignée dans l'acte n'y étant point intervenue, cet acte est forcément nul, faute de consentement des parties.

Cet article a uniquement trait à la responsabilité du notaire ; et il y aura lieu à cette responsabilité toutes les fois que, trop confiant et n'ayant point recouru à des témoins certificateurs, il aura été trompé sur l'individualité d'une partie.

La doctrine et la jurisprudence sont unanimes à ce sujet. On a bien voulu proposer une distinction entre les actes synallagmatiques et les actes unilatéraux, et, dans les premiers, décharger le notaire de toute responsabilité en ce qui concerne l'individualité des parties, parce que chacun, devant s'assurer de la capacité de ceux avec lesquels il contracte, doit tout d'abord s'assurer de leur identité. Mais, outre que l'article 11 est

général et qu'il n'a pas été imposé au notaire dans l'intérêt exclusif de ses clients, nous ne pouvons pas distinguer où le législateur ne l'a pas fait, et nous devons
dire que cet article s'applique à toutes sortes de contrats, synallagmatiques ou unilatéraux. La Cour d'A-
miens l'a ainsi décidé dans un arrêt du 24 juillet 1823.

Ce même article oblige le notaire, non-seulement à
l'égard des parties, mais encore vis-à-vis des tiers, pour
lesquels son utilité se fait surtout sentir, et qui peuvent
se trouver entraînés dans les erreurs les plus funestes,
lorsqu'un acte est sans valeur, par suite de la non-inter-
vention des parties qui y sont dénommées. Comme les
actes notariés font pleine foi des énonciations qu'ils
renferment, et que les tiers ne peuvent pas, dans le
cas d'une supposition de personne, trouver dans ces
actes la preuve du vice dont ils sont entachés, il en
résulte que le notaire qui ne se sera pas conformé à
notre article 11 sera la seule cause du préjudice souffert,
et que, par suite, il en devra la réparation, conformément aux articles 1382 et 1383 du Code Napoléon.

Aussi, le notaire devra se soumettre à l'obligation
que lui a imposée le législateur, même lorsque l'une
des parties déclare parfaitement connaître la personne
avec laquelle elle se propose de contracter, et dis-
penser de toute recherche au sujet de son individualité. Cette dispense est suffisante, il est vrai, pour
mettre le notaire à l'abri de tout recours de la part de
la personne qui l'a formulée, car c'est cette personne
qui a empêché de prendre les précautions exigées;
elle ne saurait venir argumenter de sa propre faute :
« *Nemo auditur turpitudinem suam allegans.* » Mais,
vis-à-vis des tiers, il n'en serait plus de même; ils

n'ont aucune faute à se reprocher, et l'imprudence
du notaire est seule la cause du tort qu'ils peuvent
éprouver.

Ainsi deux personnes se présentent chez un notaire
pour y passer un acte de vente. Le notaire ne connaît
que l'acquéreur, qui le dispense de s'assurer de l'individualité du vendeur. L'acte est signé, et il arrive que le
vendeur avait trompé l'acheteur sur son individualité,
qu'il n'était pas le propriétaire des biens vendus. Si
l'acquéreur est évincé, il devra subir les conséquences
de sa faute, et il ne pourra intenter aucune action
contre le notaire, car c'est lui qui n'a pas voulu d'une
formalité pouvant lui assurer toute sécurité; c'est lui,
et non le notaire, qui est l'auteur principal du préjudice dont il est l'objet. La Cour d'Angers a rendu un
arrêt dans ce sens le 10 janvier 1828. Mais, si nous
compliquons l'hypothèse, si nous supposons que cet
acquéreur qui avait eu foi dans son vendeur, revende
ensuite les biens qui avaient fait l'objet de leur convention; si nous supposons que le véritable propriétaire vienne réclamer ces biens, nous voyons que la
responsabilité du notaire se trouve engagée, et que le
sous-acquéreur pourra lui demander la réparation du
préjudice qu'il a souffert. S'il a été évincé, c'est en
effet parce que le notaire qui avait fait la première
vente l'avait induit en erreur, en ne se conformant
pas à la mesure tutélaire de l'art. 11.

On pourrait multiplier à l'infini les hypothèses dans
lesquelles les notaires exposeraient ainsi leur responsabilité, et il n'y a peut-être pas de cas dans lesquels
ils pourraient sans danger ne pas s'assurer de l'indi-

vidualité des personnes qui contractent devant eux.

Ils ne sauraient donc prêter trop d'attention à la disposition de l'art. 11, et chaque fois que les parties ou l'une d'elles leur seront inconnues, ils devront se faire attester leur individualité par des témoins.

Ces témoins, que, dans la pratique, on appelle témoins certificateurs, pour les distinguer des témoins instrumentaires, sont soumis aux mêmes conditions de capacité que ces derniers : nous les étudierons plus tard avec celles des témoins instrumentaires. Tout ce qui est exigé de plus à leur sujet, c'est qu'ils soient connus du notaire.

Nous ferons remarquer ici que le notaire est responsable de leur capacité. Ils viennent le décharger de l'obligation dans laquelle il se trouve de connaître personnellement les parties, en lui certifiant l'identité de ces dernières; c'est à lui que leur intervention est prescrite ; c'est à lui qu'elle profite, en mettant sa responsabilité à couvert ; ce doit être à lui aussi de s'assurer de leur capacité. La Cour de Paris l'a ainsi décidé dans un arrêt du 20 janvier 1847 : Une personne s'était présentée devant un notaire, à l'effet de donner une procuration pour vendre une inscription de rente sur l'État. Le notaire admit à certifier l'individualité de cette personne deux témoins non domiciliés dans l'arrondissement communal, et qui lui firent une fausse attestation. L'inscription de rente fut vendue. Le véritable propriétaire dépossédé intenta une action contre le notaire, qui fut déclaré responsable, comme ayant commis une faute en ne s'assurant pas de la capacité des témoins.

Le notaire s'assurera suffisamment de la capacité

des témoins par les déclarations de ceux-ci, une fois qu'il leur aura fait connaître les qualités que la loi exige d'eux ; et même sans cela il ne serait pas responsable de l'incapacité d'un témoin qui passerait généralement pour capable. Nous y reviendrons plus tard.

Une personne en voyage peut avoir besoin d'un notaire, et ne trouver aucun témoin pour faire attester son individualité. Que devra faire le notaire ? D'un côté, l'article 3 l'oblige de prêter son ministère, sous peine de dommages-intérêts ; d'un autre côté, l'article 11 exige qu'il connaisse les parties ou que leur individualité lui soit attestée. Trouvera-t-il là une excuse suffisante à son refus de ministère ? Nous le croyons, et, selon nous, tout notaire prudent devrait s'abstenir, car, en prenant même les plus grandes précautions, il peut ainsi prêter une main ignorante à de frauduleuses machinations, et sinon engager sa responsabilité, s'exposer du moins à des poursuites dangereuses. Pour les militaires et les marins, l'usage a fait admettre comme témoins suffisants, bien qu'inconnus du notaire, deux officiers ou sous-officiers. Par analogie, on pourrait faire la même chose pour les étrangers, et se contenter du témoignage de deux personnes en voyage avec eux. Cependant les notaires feront bien de n'avoir recours à ce moyen, qui doit pourtant mettre leur responsabilité à couvert, qué dans les cas d'urgence, par exemple pour le testament d'un mourant.

La production de papiers en règle, de passe-ports, de lettres, suffirait aussi pour garantir de tout recours le notaire qui aurait cru devoir prêter son ministère. « Exiger davantage, disait le conseiller d'État Réal

» dans l'exposé des motifs présenté à la séance du
» 14 ventôse an XI, est été interdire aux notaires de
» prêter leur ministère dans un nombre infini de cir-
» constances, et réduire, en particulier, les notaires des
» villes frontières à l'impossibilité presque absolue de
» recevoir aucun acte. » Du moment où l'on a pris toutes
les précautions possibles, il n'y aura jam..s faute grave,
et par suite responsabilité.

Le notaire qui, par la commune renommée, aurait
été trompé sur l'individualité d'une partie, ne pourrait
pas non plus être inquiété à cet égard. Il n'avait pas besoin de se faire certifier l'identité de cette personne, car
il la connaissait ; il ne s'est pas mis en opposition avec la
loi, il n'a commis aucune faute : *error communis facit jus*.

Avant d'abandonner cette matière, nous devons
examiner la question suivante : Un notaire se fait attester l'individualité d'une personne par deux témoins
qui réunissent les qualités voulues, mais qui le trom-
pent, qui lui certifient que la partie est autre qu'elle
n'est réellement ; quelque temps après, cette personne
se présente en la même qualité, et le notaire n'a plus
recours aux témoins certificateurs ; l'acte est annulé et
un préjudice est souffert ; le notaire en sera-t-il responsable ? Non, car on ne peut rien lui reprocher ; il
ne s'est pas fait, il est vrai, attester l'individualité de
la partie ; mais cette prescription ne concerne que
celles qu'il ne connaît pas. Et on ne peut pas dire qu'il
ne connaissait pas cette personne : il la connaissait
comme le plus souvent on connaît tout le monde, par
la présentation qui lui en avait été faite lors du premier acte. Les témoins ne seront pas responsables non

plus des conséquences du dernier acte; ils n'y sont
pas intervenus, et s'ils se sont obligés par leur fausse
déclaration à supporter les suites du premier, on ne
peut pas étendre au delà leur obligation.

§ III.

Conservation des minutes.

Le devoir du notaire, après avoir reçu un acte, est
d'en conserver fidèlement le dépôt. L'article 1er de la
loi de ventôse nous dit : « Les notaires sont les fonctionnaires publics établis pour recevoir tous les actes....,
en conserver le dépôt... » Cette obligation, consacrée
encore dans les articles 20 et 22 de la même loi, est
essentielle, et le préjudice que les parties éprouve-
raient de la perte d'une minute pourrait servir de fondement à une action en garantie contre le notaire dépositaire, puisque ce préjudice aurait pour cause le
manquement de celui-ci à l'un des devoirs de sa profession.

Il n'y a d'excuse pour le notaire que celle résultant
d'un cas de force majeure; mais il faut donner à ces
mots, *force majeure,* plus d'étendue qu'ils n'en ont habituellement, et n'y pas voir seulement ce qu'il est impossible d'éviter. Ainsi, si un clerc ou un domestique
allait dans l'étude lacérer ou altérer une minute, ce
serait, à notre avis, un cas de force majeure, et, à moins
d'une faute du notaire, il n'y aurait aucune responsabilité.

La plus grande prudence est toutefois indispensable.
On est allé jusqu'à rendre le notaire responsable de

la perte d'une minute, dans un cas où cette perte était cependant imputable à la partie intéressée. Un notaire avait remis à la veuve, instituée héritière avec deux de ses enfants, le testament du défunt pour le faire enregistrer ; pendant la nuit, ce testament fut détruit par les héritiers non institués ; le notaire fut déclaré responsable pour avoir commis une faute en laissant sortir de ses mains un acte dont il était dépositaire. (*Gaz. des Trib.*, 25 janvier 1843.)

Comme conséquence de ce jugement, il faut dire que les notaires auxquels on demande communication d'un acte peuvent prendre toutes les précautions qu'ils jugent convenables, et si ces précautions doivent entraîner quelques frais, ils seront à la charge des parties. C'est, du reste, la doctrine consacrée par la Cour de Pau dans un arrêt du 12 février 1843.

Aux termes de l'article 20 de la loi de ventôse, l'obligation de conserver ses actes cesse pour le notaire lorsque, usant du bénéfice de cet article, il les délivre en brevet, ce qui n'a lieu, en général, que pour les actes de peu d'importance.

Après la cessation de ses fonctions, le notaire est encore responsable de la garde des minutes qui lui étaient confiées, tant qu'il n'en a pas fait la remise à son successeur, en en faisant dresser un état, dont l'un des doubles doit être déposé à la chambre des notaires. (Arrêt de la Cour de Bourges du 17 juin 1820.)

La personne qui se prétendra lésée par la perte d'une minute devra en établir tout d'abord l'existence, ce qui lui sera facile si l'acte a été répertorié ou enregistré. Une expédition signée et scellée du notaire serait éga-

lement suffisante. A défaut viendra la preuve testimoniale, toujours admissible s'il s'agit d'un intérêt
moindre de 150 francs. Au-dessus, il faudra un commencement de preuve par écrit, et on ne sera jamais
admis à dire qu'on n'a pas pu se procurer ce commencement de preuve, parce qu'on pouvait toujours exiger
que l'acte fût immédiatement porté sur le répertoire.

Cette obligation de conserver les minutes s'applique
également aux pièces qui y sont annexées, mais elle
ne s'entend que des actes parfaits.

§ IV.

Délivrance des grosses et expéditions.

C'est encore l'article 1er de la loi de ventôse qui confère aux notaires le droit et l'obligation de délivrer des
grosses et expéditions de leurs actes.

La différence qui distingue ces deux sortes de copies,
c'est que les premières sont revêtues de la formule
exécutoire, et que les autres ne le sont pas. Il ne peut
être délivré qu'une seule grosse à chaque partie intéressée. L'article 26 de la loi de ventôse nous dit : « Il
» doit être fait mention, sur la minute, de la délivrance
» d'une première grosse faite à chacune des parties
» intéressées; il ne peut lui en être délivré d'autre,
» à peine de destitution, sans une ordonnance du pré-
» sident du tribunal de première instance, laquelle de-
» meurera jointe à la minute. »

Quand un débiteur se libère, il a soin de retirer le
titre exécutoire qui existait contre lui ; c'eût été une

vaine précaution, si on avait pu en obtenir un autre ; aussi, pour empêcher d'injustes et fâcheuses poursuites, la loi n'a-t-elle pas craint de se montrer trop sévère en prononçant la destitution contre le notaire qui, sans l'autorisation voulue, délivrerait une seconde grosse. L'article 26 ne prononce que la destitution ; mais, par suite des principes que nous avons posés en commençant, et qui nous régissent toujours, il y aura de plus lieu de prononcer des dommages-intérêts, si la délivrance de la seconde grosse a causé quelque préjudice, si les poursuites qu'elle a permises ont porté quelque atteinte au crédit de la personne contre laquelle elle était exécutoire, ou lui ont occasionné des frais et démarches.

Il n'y a qu'un cas dans lequel le notaire, en délivrant une seconde grosse sans y être autorisé, devrait échapper à la peine de l'article 26 et à l'action en responsabilité : c'est celui où il délivrerait une grosse d'un acte, sur la minute duquel son prédécesseur, après en avoir délivré une première, n'aurait pas fait la mention prescrite par la loi. Il n'y aurait alors aucune faute à reprocher au second notaire, et c'est le premier qui serait tenu de réparer un dommage dont il serait seul la cause. Ceci nous amène à dire que le notaire qui délivre une grosse doit, à peine de voir sa responsabilité plus tard engagée, se conformer à la première partie de l'article 26, faire mention de la délivrance, et la parapher.

Quant aux expéditions, il peut en être délivré autant qu'on le veut, pourvu, bien entendu, que ce ne soit qu'aux parties intéressées. Elles doivent être conformes à la minute. C'est la seule chose qui puisse ici donner lieu à une action en dommages-intérêts; encore faut-il distinguer à qui l'erreur a porté préjudice. Si c'est à l'une des parties, elle n'aura aucun recours à exercer, car elle devait savoir ses conventions, et elle pouvait toujours requérir communication de la minute ; si c'est à un tiers, au contraire, comme celui-ci n'avait pas cette dernière faculté, et qu'il devait s'en rapporter à l'expédition, on peut dire que le notaire est la cause du préjudice, et qu'il doit, par conséquent, le réparer.

Ce que nous disons des expéditions est également vrai des grosses. Cependant si, dans une poursuite, la partie avait souffert d'une erreur de copie qu'elle n'a pas pu réparer en recourant à la minute, elle aurait le droit de demander des dommages-intérêts, parce que le notaire serait encore ici la cause du préjudice.

§ V.

Tableau des interdits.

Pour mettre les tiers à même de s'assurer de la capacité de ceux avec lesquels ils se proposent de contracter, le législateur a fait aux notaires une obligation de tenir exposé dans leur étude un tableau sur lequel ils doivent inscrire les nom, prénoms, qualités et demeure des personnes qui, dans leur arrondissement, sont interdites ou assistées d'un conseil judiciaire.

Cette obligation est une de celles qui n'ont pas été spécialement sanctionnées ; mais le notaire n'en doit pas moins tenir compte, car les personnes qui auraient à souffrir d'un contrat fait avec un incapable pourraient attaquer le notaire, et obtenir de lui des dommages-intérêts, pour leur avoir causé un préjudice en ne les ayant pas mises à même de connaître l'incapacité des autres parties, lorsque la loi lui en faisait un devoir.

Cette obligation a d'abord été établie dans l'art. 18 de la loi du 25 ventôse an XI, puis, avec certaines modifications, dans les articles 501 et 897 du C. N., et enfin dans les art. 62 et 175 du tarif du 16 février 1807. Aujourd'hui le notaire, après avoir reçu du secrétaire de la chambre, auquel on doit le notifier, avis du jugement portant interdiction ou nomination de conseil, mettra sa responsabilité à couvert en inscrivant, comme nous l'avons dit, sur son tableau, les nom, prénoms, qualité et demeure de la personne interdite, ainsi que la mention du jugement. Ceci fait, il n'aura plus à s'occuper de rien; c'est aux parties à vérifier la capacité de ceux avec lesquels elles se proposent de contracter.

La loi parle d'un tableau; nous croyons que son vœu serait rempli s'il y avait simplement un registre, usage, du reste, admis dans un grand nombre de chambres, à Paris, par exemple. Cette mesure ne doit pas exposer la responsabilité des notaires, car nul n'est censé ignorer la loi; chacun doit savoir qu'il y a un tableau des interdits, et s'il ne le voit pas, il peut se le faire représenter. Quelques auteurs, cependant, s'attachent à la lettre de l'art. 18, et veulent un tableau placardé dans l'étude, ou tout au moins un avis indiquant l'existence du registre. Aussi, pour éviter toutes difficultés, les notaires, quand ils emploieront un registre, feront bien de se conformer à cette dernière formalité.

§ VI.

Résidence.

« Chaque notaire, dit l'article 4 de la loi de ventôse,
» devra résider dans le lieu qui lui est fixé par le gou-
» vernement. En cas de contravention, il sera consi-
» déré comme démissionnaire, et son remplacement
» pourra être proposé. »

En dehors de cet abandon complet de résidence, il
y a une autre infraction à l'article 4, implicitement
prévue par lui, plus blâmable encore que la première,
parce qu'elle se cache davantage, et qui ne doit pas
être moins sévèrement punie. Il arrive trop souvent,
en effet, que des notaires, poussés par l'appât du gain
et la soif des affaires, oublient qu'ils doivent attendre
qu'on vienne réclamer leurs services, ne se contentent
pas d'une seule étude, et vont en créer en quelque
sorte une seconde à côté d'un confrère, en se rendant
périodiquement, les jours de foire et de marché, dans
sa localité, où ils s'installent pour attendre les clients,
s'ils ne vont pas les chercher.

Cette infraction est pour le notaire la violation la plus
répréhensible de ses devoirs; car, outre la violation de
la loi, il y a encore là un manquement à l'honneur et
aux convenances que les notaires doivent toujours observer dans leurs relations entre eux. Aussi n'était-il
pas trop d'une double sanction : d'abord d'une sanction pénale, consistant dans la réprimande, la suspension, et même la destitution, conformément à
l'article 4, et dont nous n'avons pas à nous occuper;

ensuite d'une sanction civile, prenant sa source dans les articles 1382 et 1383, et obligeant le notaire, vis-à-vis de ses confrères, à réparer le dommage qu'il peut leur causer en leur enlevant ainsi des affaires. Ce serait en vain que le notaire, contre lequel on intenterait une action en dommages-intérêts, viendrait prétendre qu'il ne s'est nullement mis en contravention avec l'article 4, en allant s'installer périodiquement hors de chez lui, parce qu'il a toujours conservé la résidence qui lui était imposée, qu'il y a toujours eu ses minutes, et que la loi lui permet d'exercer dans l'endroit où il s'est transporté.

La jurisprudence a constamment repoussé ce système de défense, et nous pourrions citer à ce sujet une foule d'arrêts des Cours impériales. La Cour de Caen, à elle seule, nous en offre cinq depuis 1857, et sa doctrine a été consacrée par la Cour de cassation, le 30 mai 1859, dans l'espèce suivante : Me Barbot, notaire à Tinchebray (Orne), se plaignit à la chambre de ce que Me Lechevrel, notaire à Chanu, se rendait périodiquement à Tinchebray sans réquisition spéciale, et que là il s'installait dans un hôtel pour y recevoir ses clients et instrumenter. La chambre décida qu'il n'y avait pas lieu à suivre. Me Barbot poursuivit alors Me Lechevrel devant le tribunal ; son action fut déclarée non recevable, parce qu'il n'établissait aucun préjudice, et qu'il était sans qualité pour demander un compulsoire. En appel, la Cour de Caen infirma le jugement de première instance, et condamna Me Lechevrel à indemniser Me Barbot du tort qu'il lui avait fait. Cet arrêt, comme nous l'avons dit, fut confirmé par la Cour de cassation.

Il ne faut pas croire pour cela que le notaire doive rester constamment chez lui et ne recevoir d'actes que dans son étude, sous peine de se voir exposé à des dommages-intérêts. Ce que la loi veut, c'est qu'il ne se transporte pas habituellement hors de sa résidence et sans réquisition spéciale, pour se mettre à la disposition de ses clients, comme l'explique parfaitement un avis du Conseil d'Etat du 7 fructidor an XII.

Quant à la quotité des dommages-intérêts à allouer, elle sera déterminée par les tribunaux, les mots, *s'il y a lieu*, les laissant toujours juges souverains. Ils devront s'appuyer sur le nombre d'actes que le notaire aura faits dans le lieu où il se transportait, et voir à peu près ceux qu'il a enlevés à son confrère.

§ VII.

Communication des actes.

Le notaire doit communiquer ses actes aux personnes intéressées en nom direct, et à leurs héritiers ou ayants droit. Son refus l'exposerait à réparer le préjudice dont il serait la cause, pourvu, toutefois, que la personne qui lui demande la communication lui ait bien établi ses qualités et précisé la date et la nature de l'acte.

En dehors de là, et sauf les deux exceptions qu'il prévoit, l'article 23 de la loi de ventôse défend toute communication d'acte, à peine de dommages-intérêts. Mais, pour qu'il y ait lieu à l'application de cette peine, il faut, comme nous le savons, qu'il y ait un préjudice, e que la faute du notaire en soit la véritable cause.

Un simple amour-propre froissé ne suffirait pas pour donner ouverture à l'action civile.

Les deux exceptions à la règle de l'article 23 sont :

1° Celle où la communication serait demandée sans déplacement par les employés de l'enregistrement ;

2° Et celle où il s'agirait d'actes qui doivent être publiés devant les tribunaux, comme un contrat de mariage entre commerçants, un acte de société.

Nous rappellerons que les notaires, étant responsables de la garde de leurs minutes, peuvent prendre, à la charge de ceux qui demandent la communication, toutes les précautions qu'ils jugent nécessaires.

§ VIII.

Etablissements publics.

Aux termes de l'article 5 de l'ordonnance du 2 avril 1817, tout notaire dépositaire d'un testament contenant quelque disposition au profit de certaines personnes morales, est tenu, après l'ouverture, d'en donner avis à leurs administrateurs.

De nombreuses circulaires viennent, à cet égard, régir le notaire. Nous ne les étudierons point, et nous nous contenterons de dire qu'il doit s'y conformer, pour ne pas engager sa responsabilité ; car toute contravention de sa part qui amènerait quelque préjudice devrait retomber à sa charge, s'il y avait faute suffisante.

§ IX.

Enregistrement.

Une fois qu'un notaire a reçu un acte, étant seul propriétaire de la minute, et ne s'en pouvant dessaisir, c'est à lui de donner à cet acte le complément nécessaire et de le faire enregistrer.

Autrefois, sous la loi de 1790, un acte qui n'était pas enregistré dans les délais voulus ne pouvait plus valoir comme authentique. La loi du 22 frimaire an VII est venue abroger cette disposition, et diminuer ainsi sensiblement la responsabilité du notaire à cet égard. Aujourd'hui celui-ci doit bien encore faire enregistrer ses actes ; mais il n'a plus d'autre responsabilité que celle résultant du double droit. Il ne serait soumis à des dommages-intérêts vis-à-vis des parties que dans le cas où sa négligence leur causerait quelque préjudice en mettant obstacle à la délivrance d'une expédition, et en empêchant ou retardant une exécution urgente.

Le notaire ne trouverait pas une excuse suffisante dans l'allégation que les parties ne lui auraient par versé les droits, ou que l'acte n'était pas parfait par suite du défaut de sa propre signature.

La Cour de Poitiers a décidé que les droits d'enregistrement d'un acte imparfait devaient être supportés par le notaire qui avait fait enregistrer cet acte ; c'est lui qui veut remplir une formalité qui ne doit profiter à personne, c'est à lui d'en payer les frais.

— 72 —

§ X.

Faits des clercs.

Aux termes de l'art. 1384 du Code Napoléon, les patrons doivent surveiller leurs préposés, et sont responsables des dommages causés par ces derniers dans les
fonctions auxquelles ils les emploient.

Comme les notaires sont, quant à leur responsabilité,
à défaut de texte spécial, soumis au droit commun modifié par les mots, *s'il y a lieu*, de la loi de ventôse, nous
devons, avec le même tempérament toutefois, leur
faire l'application de l'art. 1384, les obliger à surveiller
leurs clercs et les rendre responsables des faits de
ceux-ci.

Ainsi les erreurs provenant du fait d'un clerc dans
un acte ou dans une expédition seront à la charge du
notaire, sans que ni lui ni la partie puissent, à moins
de dol ou de fraude, s'en prendre au clerc, qui travaille
pour se former, dont la condition implique toujours
une certaine incapacité, et qui pour cela doit être guidé
par son patron dans tout ce qu'il fait.

Ces principes reconnus par la jurisprudence ont été
appliqués par le tribunal de Joigny le 17 mars 1850 :
un clerc avait commis une nullité dans un bordereau,
et l'inscription, dès lors, s'était trouvée nulle ; ce fut en
vain que le notaire, déclaré responsable, voulut faire
supporter les dommages-intérêts par son maître clerc.

Mais, pour que le notaire soit ainsi responsable, il
faut que le clerc ait agi dans les fonctions auxquelles il
était réellement préposé. Ceci est un point important à

noter pour les particuliers, surtout quand ils vont déposer des pièces ou des fonds dans une étude. En
général, le premier ou le second clerc ont seuls qualité
pour recevoir les fonds qu'on vient apporter en l'absence du patron. Néanmoins une personne vient et
laisse de l'argent à un expéditionnaire qui le fait disparaître. Le notaire n'en sera pas responsable ; l'article 1384 n'autorise la poursuite que pour le cas où *le
dommage sera causé par des préposés dans les fonctions
auxquelles ils sont employés;* un expéditionnaire n'a
point mission de recevoir un dépôt et de toucher des
fonds. La personne lésée a à s'imputer une première
faute; elle a commis une imprudence, et elle en devra
subir les conséquences.

Dans la pratique, le notaire se trouve assez souvent
le mandataire de l'une des parties. Ne pouvant pas cumuler dans ses actes les deux qualités de notaire et de
mandataire, il élude la loi en faisant donner une procuration à l'un de ses clercs. Si celui-ci en profitait
pour faire quelques détournements au préjudice du
mandant, le notaire en serait responsable; ce détour-
nement n'aurait pas eu lieu, s'il avait exercé la surveil-
lance que lui prescrit l'art. 1384. Il répond aussi de la
bonne exécution de ce mandat; mais ce n'est pas ici le
lieu de nous en occuper, et nous y reviendrons en considérant le notaire comme mandataire.

CHAPITRE III.

DE LA RESPONSABILITÉ DES NOTAIRES A RAISON DE LA NULLITÉ DE LEURS ACTES.

Un acte peut ne produire aucun effet soit par suite

d'un vice de forme, soit par suite d'un vice de fond.
Nous devons distinguer soigneusement ces deux causes
de nullité, car, par rapport à la responsabilité du notaire, elles ont des conséquences bien différentes.

A cause de leur force probante, le législateur a cru
devoir entourer les actes notariés de formalités nombreuses qui, pour la plupart, sont des conditions
essentielles de validité. Le notaire, chargé d'arrêter
et de constater les conventions des parties, doit
veiller à l'accomplissement de toutes ces prescriptions, de manière à ne faire que des actes parfaits :
« *Is qui profitetur artem, profiteri quoque peritiam
censetur;* » car, s'il connaissait quelque nullité, il serait
la cause du préjudice qui en résulterait, et, comme tel,
obligé de réparer ce préjudice, s'il y avait faute grave.

Quant aux conventions en elles-mêmes, elles sont
l'œuvre des parties, et leur nullité ne saurait servir de
fondement à une action en garantie contre le notaire,
dont la seule mission est de les constater.

SECTION PREMIÈRE.

VICES DE FORME.

Par forme, nous n'entendons pas seulement les formalités concernant la structure de l'acte, mais nous
comprenons encore sous cette dénomination les conditions de capacité exigées des diverses personnes qui
y concourent. Ces conditions, si on y fait bien attention, tiennent réellement à la forme de l'acte. En effet,
la personne qui ne les remplit pas se trouve hors
concours; c'est comme si elle n'était pas intervenue;
et que ce soit le notaire, les parties ou les témoins

qui manquent ainsi de la capacité voulue, il y aura
toujours vice de forme. Les actes notariés demandent
un notaire, un certain nombre de témoins, et la présence de toutes les parties ; que l'incapacité atteigne
l'un ou l'autre, la personne atteinte ne comptant plus ,
l'acte manquera toujours d'un membre indispensable.

Le législateur a déterminé d'abord des conditions de
validité et des formes générales ; mais, à côté et pour
des actes dont la nature réclamait ou plus de circon-
spection ou des procédures particulières, il en a été
établi d'autres qui viennent ou déroger aux premières,
ou simplement concourir avec elles.

Nous allons nous occuper d'abord des prescriptions
générales et étudier les causes de nullité d'un acte,
ce qui nous fera voir toutes les précautions que doit
prendre un notaire pour ne pas exposer sa responsabilité ; ensuite nous passerons aux exceptions, aux
actes spéciaux.

Nous rappelons auparavant l'art. 68 de la loi de
ventôse, qui conserve à l'acte nul comme acte public,
sa validité comme acte sous signatures privées, s'il
est revêtu de la signature de toutes les parties. Cette
disposition vient diminuer sensiblement la responsabilité, qui ne se trouve dès lors guère engagée que
dans les cas où toutes les parties n'ont pas signé, ou
bien lorsque l'acte, de sa nature, ne peut valoir qu'autant qu'il est authentique. Ceci dit, nous n'y reviendrons
plus, et nous raisonnerons comme si l'acte devait toujours être nul.

Les vices de forme tiennent soit au notaire, aux témoins ou aux parties, soit à la rédaction ou aux énonciations de l'acte.

§ Ier.

Nullité venant du notaire.

Les obligations qui concernent le notaire, qui sont attachées à sa personne, et dont l'inobservation doit entraîner la nullité de ses actes, sont celles-ci :

N'instrumenter que dans son ressort ;

Ne point faire d'actes dans lesquels ses parents ou lui seraient ou parties ou intéressés ;

Recevoir ses actes lui-même,

Et se faire assister de témoins.

Le notaire ne doit instrumenter que dans son ressort. — Cette restriction est apportée à sa compétence par la loi de ventôse. « Il est défendu à tout notaire, » dit l'article 9, d'instrumenter hors de son ressort, à » peine d'être suspendu de ses fonctions pendant trois » mois, d'être destitué en cas de récidive, et de tous » dommages-intérêts. »

Le ressort, on l'a déjà compris, est l'étendue territoriale dans laquelle le notaire a le droit d'instrumenter, et hors de laquelle il est sans pouvoir et sans caractère. Les limites en sont fixées dans l'article 5 de la même loi : « Les notaires, y est-il dit, exercent leurs fonc- » tions, savoir : ceux des villes où est établi le tribunal

» d'appel, dans l'étendue du ressort de ce tribunal;
» ceux des villes où il n'y a qu'un tribunal de première
» instance, dans l'étendue du ressort de ce tribunal;
» ceux des autres communes, dans l'étendue du res-
» sort du tribunal de paix. »

Quant à la nullité de l'acte fait en contravention à ces
dispositions, elle est prononcée dans l'article 68, ainsi
que la responsabilité.

Dans l'article 12 de la loi de ventôse, le législateur
oblige le notaire à mentionner dans chaque acte le lieu
de sa réception. C'était le meilleur moyen d'assurer
une entière soumission à l'article 6; car, en se conformant à l'article 12, le notaire en contravention appor-
tera lui-même la preuve de sa faute et de la nullité de
son acte. Si, pour ne pas se condamner lui-même, il
omet cette mention, ce sera une nouvelle cause de
nullité. On nous objectera peut-être que cet article 12 vient au secours du notaire qui ne veut
pas se conformer à l'article 6, plutôt qu'il ne lui
est contraire, parce qu'il lui permet de mentionner
faussement que l'acte est passé dans tel ou tel endroit de son ressort, ce qui oblige ceux qui veulent
l'attaquer à recourir à l'inscription de faux. Cette
objection, vraie jusqu'à un certain point, perd bien de
son importance, quand on songe qu'une semblable
mention serait un faux, ce qui arrêtera presque toujours un notaire.

Par ces articles 5, 6, 12 et 68 de la loi de ventôse,
on voit que le législateur a attaché à cette obligation
du ressort la plus grande importance. Le notaire qui
y contreviendra devra bien rarement compter sur l'in-
dulgence des tribunaux et sur des circonstances atté-

nuantes, car sa faute sera toujours volontaire et inexcusable. Outre les poursuites criminelles auxquelles
il sera exposé, il pourra encore avoir à répondre à une
double action en dommages-intérêts, l'une de la part
des parties dont l'acte sera annulé, l'autre de la part de
ses confrères; car le préjudice que les uns et les autres
pourront souffrir sera le résultat de la faute du notaire,
de son infraction à une obligation légale.

Il y aura lieu à cette responsabilité lorsque le notaire, hors de son ressort, aura reçu un consentement
et des signatures, seules formalités que l'on doive com-
prendre par les mots *instrumenter et recevoir un acte*,
puisque tout le reste peut être abandonné aux soins
des clercs, comme nous le verrons bientôt. Ainsi le notaire peut aller en dehors du territoire où il a le droit
d'exercer, entendre et débattre avec les parties les conditions de ses actes, les rédiger même, et pourvu que,
lors de la signature ou des déclarations à ce sujet,
chacun se transporte dans le ressort du notaire, l'acte
sera parfaitement valable et régulier. Autrement il serait nul, et le notaire, cause de cette nullité, serait responsable, conformément aux art. 6 et 68 de la loi de
ventôse.

Il ne suffirait plus de se conformer à l'article 6 seulement, pour les signatures et les déclarations à ce
sujet, dans les actes qui doivent être faits par le notaire lui-même ou en sa présence, par exemple dans
les ventes aux enchères, dans les inventaires, dans les
testaments. Le notaire ne peut recevoir de pareils actes
qu'autant que le lieu de la rédaction se trouve dans
son ressort.

Le notaire ne doit recevoir aucun acte dans lequel

*ses parents ou alliés se trouveraient ou parties ou in-
téressés.* — Nous nous sentons naturellement portés à
prendre les intérêts de ceux qui nous sont attachés par
les liens du sang et de la famille, à tel point que souvent, et sans nous en apercevoir, nous commettrions
pour les nôtres quelque injustice à l'égard des étrangers.
Il ne fallait pas laisser aux prises entre son devoir et ses
élans du cœur le notaire, qui doit voir d'un même œil
toutes les parties, et qui doit prendre l'impartialité pour
règle de conduite. Aussi la loi de ventôse a sagement
fait en lui défendant d'instrumenter pour les siens.
Mais ce sentiment, louable du reste, diminue sensiblement avec la parenté, et, par suite, la prohibition qui
en était résultée, et qui eût apporté la plus grande en-
trave dans les affaires, si elle ne les eût pas rendues
impossibles, a dû suivre la même gradation, et s'arrêter lorsque raisonnablement nous ne devions plus
être aveuglés par notre affection.

L'article 8 est ce qu'il devait être, et le législateur de
la loi de ventôse a été bien inspiré en disant : « Les
» notaires ne pourront recevoir des actes dans lesquels
» leurs parents ou alliés, en ligne directe à tous les
» degrés, et en collatérale jusqu'au degré d'oncle ou
» de neveu inclusivement, seraient parties, ou qui
» contiendraient quelque disposition en leur faveur. »
Cette prohibition est sanctionnée par l'article 68, qui
déclare nul tout acte fait en contravention à cet art. 8,
et qui prononce tous dommages-intérêts contre le notaire contrevenant. La responsabilité est ici formellement établie, et le notaire devra se conformer à la loi,
sinon supporter les suites de la nullité de son acte.

Pour bien préciser les cas de nullité, et, comme con-

séquence, les cas de responsabilité, il nous suffira de
dire ce que c'est que la parenté et l'alliance, et voir
quand une personne est partie et quand elle est intéressée.

La parenté est un lien de famille établi ou par la nature ou par la loi : établie par la nature, elle comprend
toutes les personnes qui descendent les unes des autres
ou d'un auteur commun; elle est établie par la loi dans
l'adoption. Qu'il s'agisse de l'une ou l'autre espèce,
l'article 8 est toujours applicable; sa disposition ne fait
aucune distinction; nous ne devons en faire aucune :
« *Ubi lex non distinguit, nec nos distinguere de-*
» *bemus.* »

L'alliance est un résultat de nos usages sociaux qui,
sous le nom d'alliés, nous donnent en quelque sorte
pour parents ceux de notre conjoint. Ces usages, basés
sur la communion intime qui existe entre deux époux
et sur l'échange et la fusion habituels de leurs senti-
ments, ont servi de cause à plusieurs textes de nos lois,
et notamment à la disposition de l'article 8. Les alliés
de nos alliés ne sont point les nôtres : « *Affinitas affi-*
» *nitatem non parit.* » Du reste, dans ce cas comme
dans tous ceux où la loi a eu à s'occuper des alliés, la
prohibition s'applique aux parents de notre conjoint, et
non à ses alliés. Ainsi un notaire, qui ne pourrait recevoir un acte pour la sœur de sa femme, c'est-à-dire
pour sa belle-sœur, le pourrait très-bien pour le mari
de cette dernière, sans s'exposer, bien que, selon le
langage du monde, ce soit son beau-frère. L'alliance
subsiste encore après la mort, même sans enfants, du
conjoint qui l'avait engendrée. Ainsi la Cour de Bordeaux, par un arrêt du 14 mars 1813, a rendu respon-

sable, pour contravention à l'article 8, un notaire qui avait reçu un acte dans lequel son beau-frère était intéressé, bien qu'à l'époque de la réception l'époux qui produisait l'alliance fût décédé.

Ainsi le notaire ne pourra pas passer d'actes dans lesquels ses père et mère, aïeux et aïeules, frères et sœurs, oncles et tantes, neveux et nièces, et les parents de sa femme aux mêmes degrés, seraient parties ou intéressés, parce que cet acte serait nul, et que cette nullité ayant pour cause l'infraction du notaire, celui-ci serait obligé d'en subir les conséquences.

Ces différentes personnes sont parties dans un acte, lorsqu'elles y interviennent directement et pour leur propre compte, ou bien encore lorsque, représentées par quelqu'un, ce sont elles qui ont intérêt à l'acte, et qui sont les véritables contractants.

Ainsi on doit considérer comme parties le mandant, le mineur, celui pour lequel on stipule ou se porte fort, car ce sont eux qui doivent bénéficier du contrat ou qui se trouvent obligés ; s'il y a une action à exercer, c'est dans leur intérêt, et non dans celui de leur représentant à l'acte, qu'elle le sera.

La question n'a jamais fait de difficultés en ce qui concerne le mandant et le mineur. Quant à celui pour lequel on stipule ou se porte fort, quelques auteurs ont prétendu que, comme il n'était pas obligé de ratifier, il n'était pas partie dans l'acte. Cette doctrine s'appuie sur un arrêt de la Cour de Rennes du 30 juin 1845, qui décide que le notaire n'est pas tenu de s'assurer des nom et prénoms de celui pour lequel on se porte fort. Mais cet argument est insuffisant, car si l'on recherche l'esprit de la loi, l'on voit qu'elle n'a pas voulu que le notaire se montrât plus soucieux des intérêts de ceux qui lui sont chers que de ceux qui sont étrangers à son affection, et, pour cela, elle n'a pas voulu qu'il pût s'occuper de leurs affaires. Si l'on eût permis au notaire de recevoir les actes dans lesquels on se porte fort pour un de ses parents ou alliés au degré prohibé, la prescription de la loi n'eût pas été remplie ; le véritable titre, en effet, de celui pour lequel on se sera porté fort, sera l'acte reçu par le notaire son parent ou son allié. Si on admettait même cette théorie, il vaudrait autant supprimer de suite l'article 8 ; que ferait-on, en effet ? Une personne a un fils notaire ; elle veut passer un acte et le faire bénéficier des honoraires ; elle charge un ami d'aller passer cet acte devant son fils, en se portant fort ; ensuite elle-même irait chez un autre notaire ratifier l'acte primitif.

Ceci nous amène à une espèce qui peut se présenter assez fréquemment : un notaire est chargé d'une adjudication ; son père veut se porter acquéreur : il ne le peut ni directement ni par mandataire ; mais le peut-il à l'aide d'une interposition de personne, en ayant recours à une déclaration de command ? L'intérêt de la question est grave, car, l'adjudication étant nulle, le notaire, en cas de faute grave, peut se voir en butte à des dommages-intérêts importants , si une nouvelle adjudication n'atteint pas le chiffre de la première, et, du reste, les frais de la première vente tomberaient toujours à sa charge. Nous croyons qu'une vente faite dans ces conditions serait valable, jusqu'à ce qu'on ait prouvé que celui qui a fait la déclaration de command n'était autre chose qu'un mandataire, et que le notaire connaissait ce mandat ; car, sans cela, le danger que la loi a voulu prévenir dans l'article 8 n'existe pas; le notaire ignorant que son père est le véritable acquéreur, il n'y a pas à craindre qu'il ait pris les intérêts plutôt d'une partie que de l'autre.

On considère comme parties les personnes qui sont représentées; en doit-il être de même de celles qui les représentent? Il faut, à notre avis, distinguer si le représentant a un intérêt direct, s'il se trouve engagé par l'acte même, s'il intervient en vertu d'une sorte de mandat légal, comme celui désigné par la loi, et dans la circonstance ayant seul droit d'agir. Dans tous ces cas, le représentant devra être considéré comme partie; dès lors, le notaire devra refuser son ministère, si ce représentant est son parent ou son allié au degré prohibé, pour ne pas exposer sa responsabilité, en devenant ainsi cause de la nullité d'un acte.

Le tuteur et l'administrateur d'un établissement public sont revêtus de ce mandat légal; ils sont chargés d'administrer les intérêts de leur pupille et de leur établissement; eux seuls peuvent les représenter dans les actes et contrats. Le gérant d'affaires, celui qui se porte fort, a un intérêt direct immédiat dans les actes auxquels il intervient; s'il est désavoué, il est passible de dommages-intérêts. On doit, par conséquent, les considérer tous comme parties; la doctrine et la jurisprudence sont d'accord sur ce point.

La Cour de Nancy, le 2 février 1838, a décidé que le mari qui n'intervient que pour autoriser sa femme n'était pas partie, qu'il n'avait aucun intérêt direct.

Quand il s'agit du mandataire, les avis sont partagés. Quelques auteurs, s'appuyant sur l'intervention du mandataire à l'acte et sur l'identité de son rôle et de celui d'une partie, ont voulu lui attribuer cette dernière qualité. Nous ne croyons pas qu'il en doive être ainsi, parce que le mandataire n'a aucun intérêt direct dans un acte ; il ne s'oblige point, et on ne s'oblige point envers lui. Aussi la parenté d'un mandataire et du notaire ne saurait entraîner la nullité d'un acte, et servir de fondement à une action en responsabilité.

Cette opinion est conforme à la doctrine de la Cour de cassation. Un notaire de Paris avait reçu un grand nombre d'obligations pour une Société anonyme. Ces obligations avaient été acceptées par un parent du notaire, comme mandataire des administrateurs de cette Société. Les actes furent attaqués comme nuls pour violation de l'article 8. La Cour de cassation, appelée à se prononcer dans l'affaire, a rejeté l'action en nullité, sur ce motif que la qualité de mandataire, même salarié, ne donne point la qualité de partie dans l'acte où l'on ne figure que comme mandataire, et ne donne point, non plus, cet intérêt direct auquel le législateur a attaché la peine de nullité.

Cette solution est nécessaire pour valider un usage reçu et admis par la jurisprudence, le recours à un prête-nom, lorsqu'une personne veut faire de son notaire son mandataire. Si le mandataire était considéré comme partie, l'interposition de personne serait insuffisante pour permettre un tel mandat, sur la nature duquel personne ne se trompe.

Une personne est intéressée dans un acte toutes les fois que cet acte contient quelque disposition la concernant ; peu importe que cette disposition soit ou non favorable. La qualité de personne intéressée ne se rencontre guère que dans les testaments.

Il serait assez difficile d'énumérer toutes les hypothèses, toutes les clauses qui peuvent rendre quelqu'un personne intéressée. Le notaire en sera lui-même facilement juge.

Un acte peut renfermer une clause générale, comprenant toute une classe d'individus, comme, par exemple, celle dans laquelle un testateur ferait remise de leurs dettes à tous ses débiteurs sans les dénommer. Si, parmi ces débiteurs, il se trouvait un parent du notaire, le testament n'en vaudrait pas moins, et la clause elle-même devrait recevoir son exécution, parce qu'alors les motifs de l'art. 8 n'existent plus, et, comme rien n'indique au notaire qu'il agit pour un de ses parents, il n'y a pas lieu de craindre une prévarication de sa part. Suivant cette doctrine, la Cour de cassation a validé, le 15 décembre 1840, un testament contenant divers legs particuliers au profit de *tous les héritiers légitimes* de la testatrice, parmi lesquels se trouvait un parent du notaire au degré prohibé.

Un acte fût-il annulé même dans un cas semblable, que le notaire ne devrait encourir aucune responsabilité, car le nom de son parent n'étant pas énoncé, il ne peut connaître sa contravention, et, par suite, il ne se trouve nullement en faute.

Le notaire ne doit pas recevoir d'actes dans lesquels il se trouverait lui-même ou partie, ou intéressé. — Cette prohibition n'est point formellement énoncée dans la loi ; mais c'est un *à fortiori* de l'art. 8 ; car, si les abus sont à craindre lorsque des parents du notaire sont parties, ils le sont, à plus forte raison, lorsqu'il s'agit du notaire lui-même.

Du reste, celui-ci est institué pour recevoir les conventions des tiers, et non les siennes: on ne peut être à la fois juge et partie : « *Nemo testis idoneus in re sua intelligitur.* »

Nous avons regardé comme partie celui qui intervient directement à l'acte pour son propre compte, celui qui s'y fait représenter; nous avons attribué également cette qualité au tuteur et au gérant d'affaires : il résulte de là que le notaire ne pourra, sans s'exposer, recevoir d'actes dans lesquels il comparaîtrait soit directement, soit par un fondé de pouvoir. Les actes qu'il recevrait ainsi ne pourraient valoir que comme sous seing privé, et ceci quand bien même il recourrait à une interposition de personne. La Cour de Colmar, le 7 février 1835, l'a ainsi jugé dans une espèce où le notaire s'était rendu acquéreur, par personnes interposées, d'immeubles vendus devant lui. La vente fut valable comme vente sous signatures privées.

Il n'en serait plus de même dans le cas de l'art. 1596 du Code Napoléon, s'il s'agissait de biens de l'Etat; la vente serait complétement nulle, et le notaire responsable de cette nullité.

Le notaire ne pourrait pas recevoir un acte dans lequel il agirait comme tuteur ; la qualité de subrogé tuteur ne l'empêcherait pas d'instrumenter pour le mineur ; cette qualité le laisse complétement étranger, et son incapacité ne naîtrait que dans le cas où les intérêts du mineur seraient en opposition avec ceux du tuteur, auquel cas il remplacerait ce dernier dans l'acte.

Le notaire ne pourrait pas davantage agir comme
gérant d'affaires dans ses actes. Ainsi il ne pourrait
pas accepter une obligation au nom d'un de ses clients ;
l'acte, s'il était signé du débiteur, pourrait tout au plus
valoir comme sous seing privé. Mais les sûretés hypothécaires qui auraient pu être données se trouveraient
sans valeur, et le notaire qui par son fait aurait ainsi
compromis les intérêts de son client en deviendrait
responsable. La Cour de Toulouse a rendu un arrêt
dans ce sens le 31 juillet 1830.

Pour éviter cette nullité, le notaire, au lieu d'accepter
lui-même et de se porter fort, devra faire accepter par
un prête-nom, qui se déclarera mandataire verbal.

Le mandataire n'est pas partie: le notaire pourra-t-il
intervenir comme mandataire dans un acte qu'il reçoit?
Non ; mais la raison n'en est plus dans l'art. 8, dans
l'intérêt que peut avoir le notaire à l'acte et dans la
crainte d'un abus; la raison, c'est qu'il doit y avoir
simultanéité de consentement et de réception. Pour
qu'un acte puisse valoir comme authentique, il faut
qu'au moment où la partie accepte et signe, le notaire
soit présent pour recevoir ce consentement et cette signature, ce qui serait complétement impossible, si le
notaire était à la fois et notaire et mandataire; car, au
moment où il donnerait son consentement comme mandataire, son caractère d'officier public disparaîtrait, et
il n'y aurait plus cette concordance qui est indispensable.

Il est un moyen facile de remédier à cet inconvénient ;
on a recours à un prête-nom. Le notaire est toujours le
mandataire véritable; seulement ce n'est pas lui qui intervient à l'acte. La jurisprudence, nous l'avons déjà

dit, admet parfaitement cette interposition de personne; nous en avons la preuve dans de nombreux arrêts.

Le notaire ne peut pas encore, sans manquer à ses obligations, recevoir un acte dans lequel il serait intéressé, dans lequel il y aurait une clause qui pût influer directement sur sa position. Ainsi il ne pourrait pas recevoir un testament dans lequel il se trouverait légataire expressément ou tacitement, un acte contenant quelque stipulation en sa faveur. Il ne pourrait pas faire stipuler par les parties qu'une affaire commencée dans son étude s'y continuerait, que la liquidation d'une succession serait faite par lui ; ces actes seraient nuls, et le notaire responsable de la nullité, pour en être la cause en ne s'étant pas conformé à l'art. 8.

Cependant il ne faut point étendre ce principe au delà des bornes qui doivent lui être assignées d'après la raison. Aussi, dès lors qu'il serait évident que la stipulation intervenue entre les parties n'avait point pour but l'intérêt du notaire, elle devra évidemment être maintenue. C'est ainsi qu'il faudra déclarer parfaitement valable l'élection de domicile que le notaire fait faire par les parties dans son étude, soit pour l'exécution de la convention constatée par l'acte, soit pour les significations à intervenir.

La parenté du notaire avec les parties est une cause de nullité et de responsabilité; cette même parenté avec le notaire en second ou les témoins instrumentaires, dont nous verrons bientôt la nécessité, entraînerait également la nullité de l'acte, et pourrait donner ouverture à une action en dommages-intérêts contre le notaire qui n'aurait pas pris toutes les précautions voulues.

Le notaire doit recevoir ses actes lui-même. — « Les
» notaires, nous dit l'article 1er de la loi de ventôse,
» sont les fonctionnaires publics établis pour rece-
» voir tous les actes et contrats auxquels les parties veu-
» lent ou doivent donner le caractère d'authenticité. »
L'authenticité d'un acte résulte de l'accomplissement
de certaines formalités essentielles, et, s'il ne les remplit pas, le notaire s'expose à des dommages-intérêts.
La première obligation imposée au notaire, et nécessaire à l'authenticité de ses actes, est celle de les recevoir lui-même; mais que faut-il entendre par là ? Dans
le sens légal, recevoir un acte, c'est entendre les conventions des parties, constater leurs déclarations,
assister à leur signature, de sorte que les mentions,
que nous verrons exigées, constatent réellement ce
qui s'est passé, et ne soient pas une vaine formalité.
Ce n'est pas à dire pour cela que le notaire doive rédiger et écrire lui-même son acte; ce qu'il est obligé de
faire, c'est de prendre le consentement des parties, et
de recevoir leurs signatures ou leurs déclarations à ce
sujet.

Quelquefois, dans la pratique, le notaire se contente
de prendre le consentement des parties, et laisse ensuite à ses clercs le soin de rédiger l'acte, de le lire et
de le faire signer. C'est un tort, car il s'expose, une fois
que ceci sera prouvé, à voir son acte annulé, et lui-
même condamné à réparer le préjudice causé par cette
nullité, comme l'a jugé un arrêt de la Cour de cassation du 16 avril 1845.

Il en serait de même, à plus forte raison, si le notaire consentait à recevoir un acte qu'on lui présente-
rait tout signé des parties. Ainsi une personne s'était

adressée à son notaire pour lui demander un placement; celui-ci s'offrit comme emprunteur, fit une obligation, la fit signer et la signa lui-même; puis, ne pouvant recevoir un acte dans lequel il était partie, il porta
cette obligation à un confrère, qui la prit imprudem-
ment pour la mettre au rang de ses minutes. Le notaire emprunteur n'avait donné que de fausses garanties à son prêteur, et, sur les poursuites de celui-ci,
une action en garantie fut admise par la Cour de cassation, le 1er juin 1840, contre le second notaire, qui
aurait pu prévenir cette fraude s'il n'avait pas manqué
à son devoir.

*Le notaire doit se faire assister d'un confrère ou de
deux témoins instrumentaires*, conformément à
l'article 9 de la loi de ventôse : « Les actes, dit cet
» article, seront reçus par deux notaires, ou par un no-
» taire assisté de deux témoins, citoyens français, sa-
» chant signer, et domiciliés dans l'arrondissement
» communal où l'acte sera passé. » A la première
inspection, en présence de ces mots, *seront reçus*, le
législateur semblerait avoir voulu que le second notaire ou les témoins fussent présents à la signature
de l'acte. Cependant, dans la pratique, l'usage contraire a prévalu, en s'appuyant sur l'ancienne jurisprudence, sur l'amendement proposé et rejeté lors de
la discussion de la loi de ventôse, de remplacer ces
mots de l'article 9, *seront reçus par deux notaires*, etc.,
par ceux-ci, *seront reçus conjointement par*, etc. ; et
sur la disposition de l'article 972 du C. N., exigeant
que le testament soit dicté aux deux notaires. On a
admis que la signature du second notaire et des témoins pouvait parfaitement être donnée après la récep-

tion de l'acte, et remplissait ainsi suffisamment le vœu
de la loi, qui n'avait considéré cette signature que
comme une légalisation de celle du notaire.

La jurisprudence elle-même avait déjà consacré cette
doctrine dans différents arrêts, lorsqu'en 1830, époque
vers laquelle elle commença à se montrer si sévère
pour le notariat, elle changea tout à coup d'avis, et
déclara nul tout acte à la réception duquel n'avaient
pas été réellement présents le notaire ou les témoins.
On sent toutes les alarmes que vint exciter un tel revi-
rement ; il n'y avait plus d'actes notariés valables, les
intérêts les plus importants se trouvaient compromis.
Une nouvelle loi devint nécessaire, et celle du 21 juin
1843 a mis fin à la controverse.

Elle a d'abord reconnu comme valables tous les actes
dans lesquels on avait négligé la présence réelle ; puis,
pour l'avenir, elle a divisé les actes en deux classes :
pour le plus petit nombre, et nous aurons l'occasion
de les énumérer bientôt, comme venant déroger au
droit commun, elle a exigé cette présence réelle, qu'on
n'avait pas connue jusqu'alors ; pour les autres, elle a
maintenu purement et simplement l'article 9 de la loi
de ventôse, tel qu'il avait toujours été entendu : « Les
» autres actes, dit-elle dans son article 3, continueront
» à être régis par l'article 9 de la loi du 25 ventôse
» an XI, tel qu'il est expliqué dans l'article 1er de la
» présente loi. »

Et cet article 1er porte : « Les actes notariés passés
» depuis la promulgation de la loi du 25 ventôse an XI
» ne peuvent être annulés, par le motif que le notaire
» en second ou les témoins instrumentaires n'auraient

» pas été présents à la réception desdits actes. »

La loi de 1843 eût mieux fait de supprimer cette formalité inutile et gênante ; elle ne l'a pas voulu, et le notaire devra toujours recourir à un collègue ou à deux témoins, à moins qu'il ne se trouve dans un cas de dispense.

L'article 68 de la loi de ventôse prononce la nullité de tout acte fait en contravention de l'article 9, et, s'il y a faute grave, des dommages-intérêts contre le notaire contrevenant. Quelle sera ici, car c'est toujours là que nous devons en revenir, l'étendue de la responsabilité ? Le notaire n'a point de délai déterminé pour faire contre-signer ses actes ; il pourra toujours, par conséquent, réparer son omission, et faire disparaître, au moment où l'on voudrait en argumenter, la nullité dont son acte serait entaché. Toutefois le notaire ne devrait pas trop se fier à ce bénéfice, conséquence pourtant forcée de la loi, et il fera bien de prendre le plus promptement possible les signatures exigées. De cette façon il mettra sa responsabilité à couvert, et il évitera les amendes que pourrait lui infliger l'administration de l'enregistrement. Nous considérerions aussi comme très-prudent, dans le cas où un notaire aurait omis de faire contre-signer un acte, de n'avoir recours qu'à des témoins ou un notaire qui, au moment de la réception de cet acte, avaient qualité pour le signer. Cependant le retard mis à remplir la formalité de l'article 9 engagerait la responsabilité du notaire qui aurait écrit le nom des témoins, si l'un de ceux-ci venait à mourir avant d'avoir signé, car alors la nullité serait irréparable. Le notaire, chargé de donner à ses actes toute leur perfection, serait cause de cette nullité, et s'il y avait négligence, s'il y avait faute grave, il serait tenu de réparer le préjudice qu'il aurait occasionné.

Voici pour les nullités venant du chef même du notaire, et dont ce dernier sera presque toujours responsable, parce que pour elles toute faute est considérée comme grave. Nous allons passer maintenant aux nullités qui peuvent venir des témoins.

§ II.

Nullités venant des témoins ou du second notaire.

Les témoins instrumentaires, auxquels le notaire est obligé d'avoir recours, doivent réunir certaines qualités que nous trouvons énumérées dans les articles 9 et 10 de la loi de ventôse.

La première de ces qualités est celle d'être citoyen : ainsi tout Français mâle et majeur de vingt et un ans, qui réunira les autres conditions de capacité exigées par la loi, pourra servir de témoin dans un acte authentique, pourvu qu'il n'ait subi aucune des condamnations énumérées dans les articles 15 et 16 du décret organique du 2 février 1852, qui font perdre l'exercice des droits politiques, et par suite la qualité de citoyen.

Les témoins doivent de plus savoir signer, et être domiciliés dans l'arrondissement communal.

Enfin on ne peut les prendre ni parmi les parents et alliés, ni parmi les clercs et serviteurs soit du notaire, soit des parties.

Ces dispositions se comprennent toutes parfaitement

d'elles-mêmes, et elles n'ont besoin d'aucun commentaire. Nous rappellerons seulement que tout ce que nous avons dit de la parenté et de l'alliance, à propos du notaire, est également applicable ici ; et nous ajouterons, bien que le législateur n'en ait rien dit dans son article 10, que la parenté et l'alliance avec les personnes intéressées entraîneraient également la nullité de l'acte ; les raisons de décider sont les mêmes que pour les parties contractantes, et du reste la disposition de l'article 10 ne fait que s'en référer à l'article 8.

La loi n'a point dit non plus que les parties et les personnes intéressées ne pourraient pas servir de témoins ; mais cela se comprend aisément, et toute disposition à cet égard eût été superflue ; c'est une conséquence du principe que nous avons déjà cité : « *Nemo testis idoncus in re sua intelligitur,* » et un *à fortiori* de l'article 10, qui défend toute parenté au degré prohibé entre les témoins et les parties.

Une personne est admise comme témoin dans un acte, et elle ne réunit pas toutes les qualités exigées, ou bien elle ne sera pas citoyen, ou bien elle ne sera pas domiciliée dans l'arrondissement communal, ou bien elle sera parente ou domestique des parties, etc...; sur qui retombera la nullité de l'acte ? La rédaction de l'article 68 de la loi de ventôse, qui prononce la nullité de tout acte fait en contravention de l'article 10, et des dommages-intérêts contre le notaire, s'il y a lieu, nous conduit à mettre à la charge de celui-ci l'incapacité des témoins et ses conséquences.

Nous ne croyons pourtant pas que telle ait été la pensée du législateur, et, selon nous, si dans l'article 12

les rédacteurs de la loi de ventôse ont exigé dans un acte,
à peine de nullité, la mention des noms et demeure
des témoins instrumentaires, c'est qu'ils ont voulu que
leur individualité fût bien établie, et que les parties qui
n'ont aucun rapport avec eux pussent cependant vérifier leur capacité, qui serait, dans ce cas, à leur charge ;
sans cela, la rigueur de l'article 12 ne se comprend pas,
quand dans l'article 13 ces mêmes indications des
noms et demeures, lorsqu'elles concernent les parties
et les témoins certificateurs, ne sont exigées que sous
peine d'amende. Dans ce système, le notaire ne ré-
pondrait plus de la capacité des témoins, mais seulement
de leurs noms et de leur demeure.

Quoi qu'il en soit, le notaire prudent qui fera connaître à ses témoins les diverses conditions de capacité
exigées par la loi, qui leur fera déclarer qu'ils les réunissent, et qui mentionnera le tout dans son acte,
mettra toujours sa responsabilité à couvert. On ne peut,
en effet, rien demander de plus, et, une fois ces précautions prises, le notaire ne saurait être déclaré responsable de l'incapacité d'un témoin, car il aurait
rempli son devoir; il se serait assuré de la capacité
autant qu'il était en son pouvoir de le faire; il ne peut
pas aller consulter les registres de tous les greffes de
France pour voir s'il n'existe point quelque condamnation, ni dresser la généalogie des parties et des témoins
pour voir s'ils ne seraient point parents.

Si l'un des témoins ne réunissait pas toutes les qualités voulues, s'il n'était pas Français, par exemple, le
notaire qui n'aurait pas pris la précaution de l'inter-
peller sur sa capacité, ou qui ne l'aurait pas mentionné

dans son acte, ne serait pas inévitablement passible
pour cela de dommages-intérêts. Nous ne devons pas
perdre de vue que la faute grave engage seule sa responsabilité. Les tribunaux auront à juger s'il y a faute
grave à ne point faire une interpellation que la loi ne
prescrit pas. Dans notre espèce, si l'étranger passait
partout pour Français et pour jouir de l'exercice de
ses droits politiques, il n'y aurait pas de faute à reprocher au notaire de l'avoir pris, sur la commune
renommée, comme apte à remplir les fonctions de
témoin, et il ne devrait y avoir aucune responsabilité.
Dans de semblables hypothèses même, l'acte est considéré comme valable.

L'art. 11 de la loi de ventôse dit, nous le savons, que
les témoins certificateurs sont soumis aux mêmes conditions de capacité que les témoins instrumentaires. Ce
que nous venons de dire des uns s'applique donc également aux autres. Les raisons de l'exigence de la loi sont
aussi les mêmes ; elle a toujours eu pour but de prévenir les fraudes. Cependant, en ce qui concerne la
parenté des témoins certificateurs et des parties, cette
exigence ne nous semble pas avoir sa raison d'être.
L'affection qui existe entre les membres d'une famille,
qui est redoutée en présence d'intérêts, et qui a fait
écarter comme témoins instrumentaires les parents
des parties ou du notaire, n'était plus à craindre
quand il s'agit de témoins certificateurs ; c'était, au
contraire, en quelque sorte une garantie de plus contre
les faux témoignages dans la circonstance. Mais toute
critique à cet égard est superflue, et nous n'avons
qu'à nous incliner devant la lettre de la loi.

Nous avons établi, en traitant de ces témoins certificateurs, que le notaire était responsable de leur
capacité.

Il nous faut voir maintenant quelle sera la responsabilité du notaire qui, au lieu de faire contre-signer son
acte par des témoins, le fera faire par un confrère. Le
second notaire, bien qu'il ne participe pas à la rédaction de l'acte, n'agit pas moins en qualité d'officier
public, et, pour apposer valablement sa signature, il
devra réunir les mêmes qualités que s'il recevait l'acte.
Ainsi cet acte devra avoir été passé dans le ressort
du notaire en second; ce dernier ne devra être ni le
parent ni l'allié des parties ou des personnes intéressées; enfin il ne devra être ni partie ni intéressé lui-
même; sans cela, sa signature ne serait pas valable, et
l'acte serait incomplet.

Il peut se faire parfaitement, en ce qui concerne la
parenté surtout, que les notaires, en contre-signant un
acte, se mettent en contravention avec la loi. Si on
veut en argumenter pour demander la nullité de cet
acte et des dommages-intérêts, par qui ces dommages-
intérêts seront-ils supportés? par le notaire qui a reçu
l'acte? Non. L'art. 68 de la loi de ventôse n'autorise les
dommages-intérêts que s'il y a lieu, c'est-à-dire que
s'il y a faute grave; le notaire qui a reçu l'acte n'a pas
pu commettre cette faute grave; car que se passe-t-il
dans la pratique? En portant l'acte à l'enregistrement,
le clerc le présente à un collègue de son patron, qui
signe; dira-t-on que le notaire a commis une faute
en ne se transportant pas lui-même chez son confrère,
et en ne lui faisant pas les interpellations que la prudence lui recommande de faire aux témoins? S'il y a

faute, ce n'est toujours pas cette faute lourde que demande l'art. 68, cette faute que personne ne commet,
car le notaire n'aura fait que se conformer à un usage
généralement admis, et il ne saurait y avoir lieu à responsabilité pour lui.

Mais alors, dira-t-on, c'est le notaire en second qui
va être obligé de réparer le préjudice qui vient de sa
personne, il a dû s'assurer que rien ne s'opposait à ce
qu'il signât l'acte qu'on lui présentait. Cette solution
serait peut-être plus juste, mais nous ne l'adoptons pas
davantage, car ici il y a encore un usage qui vient enlever, chez ce dernier notaire, toute idée de faute grave.
Les notaires se font un devoir d'honneur de ne pas pénétrer dans les secrets d'étude de leurs confrères, et
ont l'habitude de contre-signer les actes sans en prendre
connaissance.

Les tribunaux devraient alors faire comme ils le font
lorsque, après avoir pris toutes ses précautions, le.
notaire a néanmoins employé un témoin incapable, et
déclarer l'acte valable quand même. Cependant,
comme ici il y a deux notaires en cause, il est probable que l'on voudra toujours rendre au moins l'un des
deux responsable. Ces derniers ont heureusement un
moyen facile de se mettre à couvert : on leur reproche
une nullité parce que le second notaire n'était pas
compétent pour signer ; dans l'acte, rien ne mentionne
que c'est tel ou tel qui doit contre-signer, et la loi n'a
pas fixé de délai ; rien n'empêchera ni ne défendra, par
conséquent, de rendre parfait l'acte attaqué, en le
présentant à un troisième notaire, dont on tâchera de
vérifier la capacité ; il faudra alors espérer que cet acte
portant la signature de trois notaires sera au moins à

l'abri de toute censure de la part des magistrats : « *quod
abundat non vitiat.* » C'est là un avantage de faire contre-signer ses actes plutôt par un notaire que par des
témoins ; car, dans ce dernier cas, l'acte portant le nom
et la demeure des témoins, on ne pourrait plus, sans le
modifier, le faire signer par d'autres personnes.

§ III.

Nullités venant des parties.

Pour en finir avec les nullités venant des personnes,
nous n'avons plus à nous occuper que de celles appor-tées par les parties. Elles sont nombreuses et n'obligent
pas toutes également le notaire. Ainsi, qu'un mineur,
un interdit, une femme mariée et non autorisée inter-viennent dans un acte, cet acte sera nul, et les per-sonnes qui en souffriront n'auront aucun recours à
exercer contre le notaire, auquel la loi n'a fait aucune
obligation de vérifier la capacité de ceux qui se pré-sentent devant lui pour y passer un acte. Qu'il soit de
son devoir d'avertir les parties des incapacités qui peu-vent exister chez chacune d'elles, nous ne le contestons
pas ; mais c'est là un devoir purement moral, qui
n'oblige que la conscience, et la loi est impuissante
pour en punir la violation.

Il n'y a qu'une exception à ceci : c'est en ce qui con-cerne les établissements ecclésiastiques et les commu-nautés religieuses de femmes. L'article 2 de l'ordon-nance du 14 janvier 1831 nous dit à ce sujet : « Aucun
» notaire ne pourra passer acte de vente, d'acquisition,
» d'échange, de cession ou transport, de constitution

» de rente, de transaction, au nom desdits établisse-
» ments, s'il n'est justifié de l'ordonnance royale por-
» tant autorisation de l'acte, et qui devra y être entiè-
» rement insérée. » Cet article doit être observé à
peine de nullité, et le notaire qui ne s'y serait pas
conformé serait passible de dommages-intérêts pour
le préjudice qu'il aurait occasionné, préjudice qui ne
serait pas arrivé sans son infraction.

En dehors de là, la seule obligation qui soit imposée
au notaire relativement aux parties, et qui puisse engager sa responsabilité, c'est celle que nous connaissons déjà, de s'assurer de leur individualité.

§ IV.

Nullités venant de la forme et des énonciations des actes.

Les articles 12, 13, 14, 15, 16 et 17 de la loi du 25
ventôse nous donnent la forme des actes et les énonciations qu'ils doivent contenir. Ils s'adressent spécialement au notaire, créent pour lui des devoirs légaux et
le rendent, dès lors, responsable de toutes les suites de
leur inobservation.

Le législateur a distingué entre ces prescriptions ; il
a imposé les unes sous peine de simple amende, et les
autres sous peine de nullité.

Le notaire doit indiquer son nom et sa résidence,
les noms, prénoms, qualités et demeure des parties et
des témoins certificateurs ; écrire les sommes et les
dates en lettres et non en chiffres ; ne se servir dans ses
désignations d'aucune ancienne mesure ; n'insérer au-

cune clause féodale interdite; annexer les procurations ;
rédiger ses actes d'un seul contexte, sans abréviations,
blancs, lacunes ni intervalles ; donner lecture et en
faire mention. Pour toutes ces obligations, la loi ne
prononce qu'une amende de cent francs, réduite à vingt
francs par l'article 10 de la loi du 16 juin 1824. Cependant il est du devoir du notaire d'observer scrupuleu-
sement ces diverses formalités; de cette façon, non-seulement il évitera l'amende, mais ses actes y gagneront
encore en clarté, et il écartera toute suspicion de
fraude ou d'intention frauduleuse, que pourrait laisser
planer un acte manquant, par exemple, de l'unité de
contexte, ou dans lequel des sommes seraient énoncées
en chiffres. Il ne faudrait même pas croire que l'absence
totale de ces formalités n'engagerait pas la responsabilité du notaire. Ainsi, si l'une des parties était tellement mal désignée, qu'on ne pût pas la reconnaître, la
négligence du notaire pourrait prendre, aux yeux des
juges, une importance telle, qu'elle fût assimilée à un
dol, et entraîner une condamnation à des dommages-
intérêts. Mais, pour cela, il faudrait une erreur si grossière, que nous ne croyons pas devoir nous y arrêter
davantage ; et nous allons passer aux autres prescriptions imposées à peine de nullité, qui n'admettent
pas d'équivalent, et dans lesquelles la plus petite omission suffit pour entraîner la nullité de l'acte, et la responsabilité du notaire.

Les actes doivent être écrits sans surcharges ni interlignes ; les renvois doivent être faits en marge ou à la
suite de l'acte, et paraphés ; les mots rayés approuvés ;
l'acte doit être signé des parties qui le savent faire,
ainsi que du notaire et des témoins ; il doit en être fait

7

mention ; enfin il doit être fait mention des noms
et demeures des témoins, des déclarations des parties
qui ne savent ou ne peuvent signer , et de la date et
du lieu de réception de l'acte, le tout à peine du nullité.

Par cette énumération, nous voyons que législateur
a entouré les actes notariés de sa plus grande sollicitude, et que, pour prévenir toutes les altérations possibles, il n'a pas trouvé la nullité un moyen trop rigoureux. Nous allons reprendre ces diverses prescriptions
de la loi les unes après les autres, et voir jusqu'à quel
point elles peuvent engager la responsabilité du notaire.

1° Forme des actes.

« Il n'y aura, dit l'article 16, ni surcharge, ni inter-
» ligne, ni addition dans le corps de l'acte , et les mots
» surchargés, interlignés ou ajoutés seront nuls. Les
» mots qui devront être rayés, le seront de manière que
» le nombre puisse être constaté à la marge de leur
» page correspondante ou à la fin de l'acte , et ap-
» prouvés de la même manière que les renvois écrits
» en marge , le tout à peine d'une amende de cinquante
» francs contre le notaire, ainsi que de tous dommages-
» intérêts, même de destitution en cas de fraude. »

Cet article porte en lui une double sanction, l'amende
et les dommages-intérêts : l'amende , dans tous les
cas, et les dommages-intérêts, quand il y a préjudice et
faute grave. Nous n'avons pas à nous occuper des cas
d'amende.

Les mots surchargés, interlignés, ajoutés ou rayés,
les renvois non approuvés, sont nuls ; mais ils le sont
seuls, et le reste de l'acte conserve toute sa valeur,

Selon que la contravention portera sur telle ou telle disposition, on le voit de suite, il y aura plus ou moins de responsabilité. Ainsi, que la surcharge, l'interligne, l'addition, la rature et le renvoi non approuvés portent sur des expressions et des clauses sans importance, et seulement de style, il n'y aura pas de préjudice et pas de dommages-intérêts. Que ce soit, au contraire, une disposition importante de l'acte qui se trouve annulée, par exemple le prix dans une vente, une clause prescrite à peine de nullité, il en résulte toujours un préjudice, et la responsabilité du notaire se trouve gravement engagée.

Surcharge. — La surcharge est la substitution d'un mot à un autre, par le changement opéré sur ce dernier des caractères qui le composent. Quelques lettres seulement modifiées ou ajoutées pour rendre plus lisible ou pour rectifier l'orthographe ne constitueraient point une contravention à l'article 16, et ne sauraient donner lieu à une contestation sérieuse. La Cour de cassation l'a ainsi décidé dans un arrêt du 3 août 1808. On devrait aussi considérer comme surcharge la substitution opérée à l'aide du grattoir.

Nous avons dit que l'effet des surcharges était de faire considérer comme nuls les mots surchargés. Tout le monde s'accorde à prononcer la nullité du mot qui a été le dernier mis. On s'est demandé s'il en devait être ainsi de celui qui existait dans le principe, et qu'on peut encore lire ou deviner. L'affirmative et la négative ont été également soutenues. Pour nous, nous croyons que la loi a voulu l'annuler tout aussi bien que l'autre. Il n'y a pas de raison, en effet, pour qu'il soit plus conforme à la vérité, pour qu'il exprime mieux l'intention des parties, qui ont peut-être elles-mêmes demandé le changement. L'article prononce simplement la nullité de tout mot surchargé, et ne dit point que l'un sera conservé plutôt que l'autre. On a invoqué contre cette opinion des arguments de texte ; nous pourrions en faire autant de notre côté et dire : Les mots surchargés sont nuls ; le mot surchargé, c'est le premier, et non le second, qui, au contraire, a occasionné la surcharge ; donc le premier est seul nul, et le second est valable. Mais cette conséquence ne serait pas moins fausse que la conséquence contraire ; aussi nous préférons ne voir dans les deux mots qu'un seul tout annulé par l'article 16.

C'est l'opinion suivie en jurisprudence et consacrée par de nombreux arrêts, notamment par un arrêt de la Cour d'Agen du 20 juin 1807, qui annulait pour défaut de date un testament dans lequel on avait substitué le mot *vingt-unième* au mot *vingtième*.

La Cour de cassation, dans un arrêt du 27 juillet 1825, décidait aussi qu'une donation dont le montant paraissait être de seize mille francs, mais dont le mot *seize* avait été, à l'aide d'une surcharge, remplacé par le mot *six*, ne valait plus que pour mille francs, les mots seize et six étant annulés par la surcharge.

En présence de pareilles décisions, les notaires doivent, surtout en ce qui concerne les sommes, les dates, les mentions prescrites à peine de nullité, prêter la plus grande attention à l'art. 16, pour ne pas commettre une nullité qu'ils pourraient être obligés de réparer.

Disons toutefois que, dans certaines circonstances, il n'a été fait de cet article qu'une juste et bienveil-

lante application. Ainsi la Cour de Grenoble, le 22
février 1809, validait un acte dans lequel l'indication
du mois était surchargée, alors qu'il était indifférent
que l'acte eût été reçu à une époque ou à une autre;
et la Cour de cassation, le 21 mai 1838, a refusé de voir
une nullité dans le remplacement de ces mots, *sur les*,
par ceux, *mil huit*, bien que ces derniers fissent partie
de la date.

Il ne faudrait peut-être pas trop compter sur des
décisions analogues; il sera toujours plus prudent de
rayer et de faire des renvois.

Additions. Interlignes. — Les interlignes, les additions, régis par la même loi que les surcharges, pré-
sentent les mêmes dangers, et leurs effets sont identiques. Les additions sont toute écriture ajoutée après
coup dans le corps d'un acte. Elles se placent habituellement à la fin ou au commencement d'un alinéa;
elles conservent alors le nom d'additions; si elles se
trouvent entre deux lignes, on les appelle interlignes.

Le notaire peut encore éviter ici les rigueurs de la loi
à l'aide de renvois. Il est vrai que ces additions n'ont
généralement lieu qu'une fois que l'acte est signé, pour
réparer une erreur ou une omission, ce qu'un notaire
ne doit jamais faire, car, outre le faux qu'il commet, il
ne peut arriver qu'à aggraver sa responsabilité. Ainsi
un notaire met en interligne une clause, à laquelle il
est persuadé que les parties ont entendu adhérer, et
dont l'une d'elles fait ensuite prononcer la nullité
pour contravention à l'art. 16, le notaire devra être
responsable de cette nullité vis-à-vis de ceux qui auront à en souffrir, comme en étant la cause. Il ne serait
pas admis à prétendre que la partie ne peut pas récla-

mer de dommages-intérêts , parce qu'en réalité il ne
lui a causé aucun préjudice, et que cette clause, dont
la nullité a été prononcée, n'était pas entrée dans les
conventions. Ce serait invoquer sa propre faute, et
« *nemo auditur turpitudinem suam allegans.* » Si, au
contraire, il avait laissé son acte ce qu'il était, les parties n'auraient eu aucun recours à exercer contre lui ,
parce que, faisant elles-mêmes leurs conventions, elles
devaient , avant de signer, réclamer l'insertion de la
clause omise.

Renvois.—Le notaire qui aurait omis une condition que
réclament les parties lors de la lecture, peut facilement
réparer son erreur et compléter son acte à l'aide d'un
moyen que lui offre la loi, à l'aide d'un renvoi ou apostille. A l'endroit où il veut établir la clause omise, il
fait un signe, habituellement une croix, et en marge
le même signe ; puis, à 'a suite ou au-dessous , il met
ce qu'il avait oublié. Pour valoir comme le reste de
l'acte, ce renvoi exige pourtant quelque chose de plus ;
il devra être signé ou paraphé : « Les renvois et
» apostilles, dit l'art. 15, ne pourront, sauf l'exception
» ci-après, être écrits qu'en marge; ils seront signés
» ou paraphés tant par les notaires que par les autres
» signataires, à peine de nullité des renvois et apos-
» tilles. »

Afin qu'on ne puisse rien changer à un acte à l'aide
de renvois, sans le consentement des parties, le législateur a exigé que chaque renvoi fût signé et paraphé.
La signature, c'est l'apposition du nom; le paraphe ne
comprend que les initiales; l'un et l'autre suffisent pour
donner au renvoi toute sa valeur.

Cette approbation est exigée tant du notaire que des

autres signataires. L'apposition de toutes les signatures
ou paraphes est une condition indispensable de validité; autrement un acte pourrait être modifié sans le
consentement des parties. Par signataires on doit entendre seulement les contractants et les témoins, et
nous considérons comme valable un renvoi, qui ne se
trouverait pas paraphé par une personne appelée à l'acte
simplement *ad honorem*. Il faudrait même aller,
croyons-nous, jusqu'à valider un renvoi qui ne serait
paraphé que des parties qu'il intéresse; le vœu de la
loi nous semblerait rempli. Il serait plus prudent cependant de f...... par tous ceux qui inter-
viennent à l'acte.

Si le renvoi se trouve trop long pour être inscrit dans
la marge, le même article 15 autorise à le reporter à
la fin de l'acte : « Si la longueur du renvoi, dit-il,
» exige qu'il soit transporté à la fin de l'acte, il devra
» être non-seulement signé ou paraphé, comme les
» renvois écrits en marge, mais encore expressément
» approuvé par les parties, à peine de nullité du ren-
» voi. » Dans ce cas, nous le voyons, la validité du
renvoi est soumise à une formalité de plus, l'approbation; et le notaire devra, sous peine d'engager sa
responsabilité, veiller à ce que chaque signataire fasse
précéder son paraphe du mot *approuvé*, ou de toute
autre mention équivalente. Le législateur a dit que le
renvoi pouvait être mis à la fin de l'acte, mais il n'a
point dit si ce devait être avant ou après les signatures; aussi on ne pourrait pas demander la nullité
de l'apostille qui se trouverait après les signatures,
prétendant que sa place indique qu'elle a dû être faite
postérieurement à l'acte. Si elle se trouve auparavant,

elle n'en devra pas moins pour cela être expressément
approuvée et paraphée.

L'importance du renvoi, ici comme dans les cas pré-
cédents, a la plus grande influence sur la responsabilité du notaire. S'il est insignifiant, il n'y aura lieu à
aucune responsabilité. S'il a trait, au contraire, à une
mention prescrite à peine de nullité, sa nullité entraî-
nera celle de l'acte tout entier, et le notaire sera obligé
de réparer le dommage, dont il se trouvera la cause,
pour avoir manqué à l'une des prescriptions, que la loi
lui recommande spécialement.

Ratures.—De même qu'on peut commettre une omission, de même aussi il arrive souvent qu'on répète un
mot, ou que l'on insère une disposition, dont les parties
ne veulent plus ensuite. La loi permet, dans ce cas, de
rayer ce qui se trouve de trop, et l'article 16, que nous
connaissons déjà, en ce qui concerne les surcharges,
additions et interlignes, nous dit au sujet des ratures :
« Les mots qui devront être rayés le seront de manière
» que le nombre puisse être constaté à la marge de
» leur page correspondante ou à la fin de l'acte, et
» approuvés de la même manière que les renvois écrits
» en marge, le tout à peine d'une amende de cinquante
» francs contre le notaire, ainsi que de tous dommages-
» intérêts, même de destitution en cas de fraude. »
Les mots rayés doivent être comptés et approuvés
comme les renvois écrits en marge, c'est-à-dire que la
mention doit être signée ou paraphée, le tout à peine
de nullité, ainsi que l'impliquent les dommages-intérêts autorisés contre le notaire. Le défaut d'approbation
de la rature est d'en détruire l'effet, et par conséquent
de faire considérer comme valables les mots rayés. Cette

mesure était nécessaire pour empêcher toute altération.

Le notaire, en comptant les mots rayés, doit bien prendre soin de n'en pas oublier, car alors il serait impossible de reconnaître ceux qui ont été approuvés et ceux qui ne l'ont pas été, et, en cas de contestation, sa négligence pourrait entraîner une condamnation.

Ces diverses prescriptions concernant les surcharges, les additions, les interlignes, les renvois et les ratures, sont également applicables aux minutes, aux brevets et aux expéditions ; mais, dans les brevets et les expéditions, la responsabilité n'est plus la même ; elle doit disparaître à peu près complétement, car l'acte ne reste pas entre les mains du notaire, et rien ne peut faire constater l'auteur de la fraude ; il n'y aurait à craindre que l'administration de l'enregistrement pour les brevets.

Signatures. — Comme dernière condition essentielle de forme dans les actes notariés, le législateur a exigé qu'ils fussent signés : « Les actes, dit l'art. 14 de la loi » de ventôse, seront signés par les parties, les témoins » et les notaires, etc... » Cet article trouve sa sanction dans l'art. 68.

Tous les actes, à l'exception de ceux qui revêtent un caractère judiciaire, doivent être signés des parties qui le savent et peuvent faire. Cependant, dans les actes unilatéraux, comme une obligation, une quittance, la signature de la partie, qui s'oblige ou qui donne quittance, est suffisante, et le défaut de signature de l'autre partie ne serait pas une cause de nullité. La Cour de cassation a rendu un arrêt dans ce sens le 8 juillet 1818.

Toutefois la partie qui ne signe pas ne doit être nullement obligée.

L'acte doit aussi porter la signature du notaire et
des témoins ou du notaire en second. Mais ces signatures n'ont pas besoin d'être données en présence des
parties. Pour le notaire en second et les témoins, la
loi de 1843 est formelle. Pour le notaire qui reçoit
l'acte, ceci résulte de la discussion qui a précédé l'article 14, et de la suppression du mot *simultanément*
dans ceux-ci, que portait le projet : *les actes seront si-*
multanément signés par les parties, les témoins et le
notaire.

C'est la signature du notaire qui confère à l'acte son
authenticité ; il doit la refuser tant que les parties n'auront pas toutes consenties, et il devrait s'abstenir si
une seule refusait de signer ou même de parapher un
renvoi.

Tant que le notaire et les témoins n'ont pas signé ,
l'acte ne vaut que comme sous seing privé. Le notaire
fera bien de remplir ces formalités le plus tôt possible ;
car si , plus tard , par un motif quelconque , les parties avaient à souffrir du défaut d'authenticité, le notaire,
qui aurait commis une faute grave, serait passible de
dommages-intérêts.

La signature, nous l'avons déjà dit, est l'apposition
de son nom avec la griffe qu'on est dans l'habitude d'y
joindre. La loi n'en a nulle part précisé la forme, et on a
dû, par suite, laisser à chacun une certaine latitude. Ainsi
on a toujours reconnu comme valable la signature d'une
femme n'ayant pourtant mis que le nom de son mari,
les signatures illisibles, pourvu qu'elles soient con-

formes aux habitudes du signataire. La Cour de cassation l'a ainsi jugé le 19 juillet 1842 et le 31 décembre 1850. Les incorrections, les fautes d'orthographe ne seront pas non plus des causes de nullité. Le 4 mai 1841, la Cour de cassation a reconnu comme valable cette signature *Nicolasse* pour Nicolas Rosse. De simples initiales, si c'est l'usage du signataire, seraient aussi suffisantes. Suivant cette doctrine, la Cour de Pau a admis comme valable, le 13 juillet 1822, cette signature, † J. J., évêque de Bayonne, et la Cour de Nancy, le 1er mars 1831, cette autre, J.-C. P., pour Jean-Claude Pierron. Le nom entier et lisible est pourtant préférable.

Du reste, qu'une signature soit annulée comme insuffisante ou qu'elle soit validée, peu importe au notaire; dès qu'il y en a une, sa responsabilité est à l'abri. Il ne peut pas forcer une partie à écrire, à signer autrement qu'elle ne le fait, et refuser son ministère parce que son client n'écrit pas assez bien. La loi lui enjoint de faire signer son acte; il le présente à la partie; celle-ci appose des caractères qu'elle dit être sa signature; le notaire a rempli son devoir; la loi ne lui impose rien autre chose. Tout ce qu'il y a à craindre pour lui, c'est, dans un grand nombre de signatures, d'en oublier quelques-unes, ou de ne pas faire signer partout où il le faut.

Voilà pour la forme des actes, mais ce n'est pas tout; leur validité est encore soumise aux énonciations que nous avons déjà indiquées.

2° Énonciation des actes.

Mention de la signature. — Nous venons de voir

que tout acte devait être signé des parties, des témoins
et des notaires; l'article 14 ajoute à l'obligation de la
signature celle de la mention : « Les actes, dit-il, se-
» ront signés par les parties, les témoins et les no-
» taires, qui doivent en faire mention à la fin de l'acte.
» Quant aux parties qui ne savent ou ne peuvent si-
» gner, le notaire doit faire mention, à la fin de l'acte,
» de leur déclaration à cet égard. »

Cet article 14 trouve sa sanction dans l'article 68,
qui prononce la nullité en cas de contravention, et des
dommages-intérêts contre le notaire, s'il y a lieu.
Ainsi l'acte, signé de toutes les parties, s'il n'est pas
mentionné qu'elles l'ont fait, bien que cela soit évident,
sera nul comme authentique, et le notaire responsable
du préjudice, qu'il aura causé en omettant une mention, que la loi lui recommande de faire. L'obligation
de mentionner les signatures s'applique aussi bien à
celles des témoins qu'à celles des parties.

Si ces dernières ne peuvent pas signer, il doit être
fait mention de leur déclaration à cet égard. Il faut ici
bien faire attention aux expressions mêmes dont s'est
servi le législateur. Il a voulu que l'on fît mention,
non pas seulement du défaut de signature, mais encore
de la déclaration des parties de ne savoir ou de ne
pouvoir signer, *de leur déclaration*, dit l'article 14. Un
acte a été déclaré nul parce que, une partie ayant été
saisie d'un tremblement au milieu de sa signature, et
n'ayant pas pu achever, le notaire s'était contenté de
mentionner pourquoi la partie n'avait pas signé. Cette
nullité a été prononcée par la Cour d'Agen le 20 juin
1807. Il eût fallu faire déclarer par la partie qu'elle ne
pouvait signer, et le mentionner.

On a plusieurs fois validé la mention faite de ne savoir écrire, comme équivalente à celle de ne savoir signer. On a eu raison : celui qui ne sait pas écrire du tout ne peut pas savoir signer, car signer c'est écrire. La mention serait certainement valable, surtout s'il y était dit que c'est sur l'interpellation de signer, faite par le notaire, que la partie a déclaré ne savoir écrire ; il serait évident alors que, pour elle, écrire ou signer étaient synonymes. Il n'est pas utile, bien que ce soit l'usage, de mentionner que c'est sur l'interpellation du notaire que les parties ont fait leur déclaration.

Le défaut de cette mention aurait toujours pour effet d'entraîner la nullité de l'acte, et d'obliger, conformément à l'article 68, le notaire qui aurait manqué à son devoir, de réparer le préjudice qu'il aurait causé.

Le notaire n'est chargé que de constater les déclarations qui lui sont faites, et il ne répond nullement de leur sincérité ; de telle sorte que, si un acte était nul par fausse déclaration d'une partie, l'autre n'aurait aucun recours à exercer contre le notaire, auquel la loi ne fait pas un devoir de s'assurer qu'il n'est pas trompé.

Mention des noms et demeures des témoins instrumentaires. — « Les notaires doivent également, dit » l'article 12 de la loi de ventôse, énoncer les noms des » témoins instrumentaires, leur demeure, sous les » peines prononcées par l'article 68, etc... » Cet article porte avec lui sa sanction.

Nous connaissions déjà cette prescription, et, à propos de la responsabilité résultant de l'incapacité des témoins, nous avons dit les raisons qui ont motivé une pareille rigueur, et qui ont fait exiger cette mention, à peine de nullité et de tous dommages-intérêts.

La loi n'a prescrit que l'indication du nom, c'est-à-dire de l'appellation qui sert à distinguer un homme dans la société, et qui se transmet de génération en génération dans la même famille ; elle est restée muette au sujet des prénoms, destinés à distinguer entre elles les personnes qui portent le même nom ; aussi, bien qu'il soit mieux de les mettre, leur omission n'entraînerait aucune nullité.

Le nom doit être le nom véritable, celui qui se trouve sur les registres de l'état civil, et qui est porté par le témoin dans ses rapports avec l'autorité publique. C'est en s'appuyant sur cette doctrine que la Cour d'Amiens, le 2 avril 1840, annulait un testament dans lequel un des témoins avait été désigné par un sobriquet. Cependant, si, dans une espèce comme celle de la Cour d'Amiens, la fausse désignation était justifiée par une erreur commune, cette erreur commune pourrait être une excuse suffisante pour faire valider l'acte, comme lorsqu'elle porte sur la capacité, ou tout au moins pour mettre à couvert la responsabilité du notaire.

Il ne faut pas non plus prendre trop à la lettre l'article 12, et voir une nullité dans le plus petit changement opéré au nom, surtout s'il n'y a aucun doute sur l'individualité de la personne. La Cour d'Agen, le 5 août 1824, a reconnu la validité d'un acte dans lequel figurait comme témoin un nommé *Fort*, dont le nom avait été écrit *Faurt*. De même, la Cour d'Orléans décidait, le 27 juin 1839, qu'un acte n'était point vicié parce que le notaire avait écrit *Barbet* le nom d'un témoin qui s'appelait *Bardet*; la Cour de cassation a confirmé cet arrêt le 24 juillet 1840.

L'indication de la demeure des témoins est aussi indispensable que celle de leurs noms : elle sert à constater l'identité des personnes qui ont aidé le notaire dans son opération. La loi a voulu cette indication, à peine de nullité; mais elle n'a prescrit aucune formule sacramentelle, et, bien qu'il vaille mieux employer les mots, *demeurant à;* un acte ne serait pas nul parce qu'on se serait servi d'autres expressions, par exemple *domiciliés à,* ou *un tel de tel endroit,* comme l'ont jugé la Cour de Colmar, le 1er février 1812, et la Cour de cassation, le 23 novembre 1825. Il faut, toutefois, que ces indications coïncident avec la demeure véritable. La mention de la fonction avec l'endroit où elle s'exerce, quand cette fonction emporte obligation de résidence, tiendrait lieu de l'indication de la demeure. L'indication de la commune paraîtrait suffisante ; mieux vaudra cependant plus de précision. Puisque la désignation de la commune où demeure le témoin est suffisante, une erreur de rue ou de numéro ne serait d'aucune gravité.

Toute nullité venant de l'article 12 est à la charge du notaire, qui, s'il y a lieu, sera tenu de réparer le préjudice résultant de ses fausses indications, et dont, par suite, il sera la cause. La loi est formelle à cet égard.

Cet article 12 ne parle ni des prénoms ni des qualités des témoins; concluons-en qu'il n'y a aucune obligation pour le notaire de les mettre, quoiqu'il soit pourtant d'usage de le faire. Leur omission ne porterait aucune atteinte ni à la validité de l'acte, ni à la sécurité du notaire; car il n'y aurait aucune contravention à la loi..

Mention du lieu de la réception de l'acte. — Le notaire doit encore, à peine de nullité, mentionner le lieu dans lequel l'acte a été reçu. « Ils (les notaires), » dit ce même article 12, doivent également énoncer... » le lieu... où les actes sont passés, sous les peines » prononcées par l'article 68... » Comme on le voit, cette obligation s'adresse encore au notaire; elle a son importance en ce qu'elle sert à déterminer si ce dernier a exercé dans son ressort, et, par suite, s'il était compétent.

Comme les circonscriptions de notaires sont tracées au moins par communes, l'indication de la commune sera suffisante; car peu importe pour la compétence que le notaire ait exercé dans tel ou tel endroit de cette commune.

La loi n'a point encore exigé ici de termes sacramentels, ce qui fait que le notaire qui aurait omis de mentionner le lieu de la réception pourrait repousser l'action en nullité, en démontrant que, de la rédaction de son acte, il résulte implicitement que cet acte a été reçu dans tel endroit déterminé, et dire, par exemple, que cette formule, *Par-devant M⁰..., notaire à..., ont comparu*, indique suffisamment que les parties se sont rendues dans l'étude du notaire, et que l'acte y a été passé. La Cour de Rennes a, dans ce sens, un arrêt du 9 mars 1809. Il sera bien rare qu'un notaire ait besoin de recourir à ces moyens extrêmes.

Si l'acte a été reçu en différents endroits, on devra indiquer pour chaque personne chaque lieu de réception.

Date. — Enfin tout acte notarié, à peine de nullité et de dommages-intérêts contre le notaire, doit porter la date à laquelle il a été reçu. « Les notaires, nous dit » encore l'article 12, doivent énoncer l'année et le jour » où les actes sont passés, sous les peines prononcées » par l'art. 68. » Les sources de la responsabilité pour ces diverses énonciations, nous le voyons, sont toujours les mêmes.

Par jour il faut entendre le quantième ; aussi, bien que la loi n'en ait pas parlé, le nom du mois rentrera toujours dans la date. Mais, de ce que l'indication du mois n'a pas été prescrite, il suit qu'on peut l'omettre, pourvu que le jour de la réception n'en soit pas moins certain. Ainsi, ces expressions : L'an mil....., le jour de la Saint-Jean, rempliraient suffisamment le vœu de la loi.

L'indication de la date a été prescrite à peine de nullité, car, sans date, il n'y aurait ni convention, ni priorité de droits possibles.

Si l'acte a été reçu à des jours différents, il vaut mieux mentionner chaque jour ; mais la dernière date seule est indispensable ; car, jusque-là, l'acte n'était pas parfait, et ce n'est que par la dernière signature qu'il a réellement commencé à avoir une existence, qu'il a été fait et passé, et qu'il y a eu réception.

Le défaut de date ne saurait se suppléer par l'enregistrement, et, en présence des articles 12 et 68, il entraînerait forcément la nullité de l'acte, et l'obligation pour le notaire de réparer le préjudice qui en résulterait, et qui viendrait de l'inobservation d'un devoir légal.

En cas de nullité pour défaut de date, comme pour défaut de mention des signatures et du lieu de réception, l'étendue de la responsabilité est illimitée, et elle embrasse toutes les conséquences fâcheuses résultant de l'inobservation de la loi. Cependant, en réalité, ces diverses formalités sont peu de chose pour un notaire prudent et sérieux ; le tout est de prendre de bonnes formules.

Celui qui se sera conformé à la loi dans tout ce que nous venons de voir n'aura plus rien à craindre de la nullité de ses actes. Toutefois ces prescriptions générales sont insuffisantes, lorsqu'il s'agit de certains actes spéciaux, que le législateur a entourés d'une plus grande sollicitude, ou pour lesquels il a exigé des procédures particulières.

Nous allons indiquer séparément chacun de ces actes, et nous dirons, en même temps, les formalités qu'ils réclament de plus que les autres. Il va sans dire que tout ce qui est exigé pour les actes en général, l'est également pour ceux-ci, et, s'il y a quelques changements, nous les indiquerons.

ARTICLE II.

ACTES SPÉCIAUX.

§ Ier.

Testaments.

Parmi les actes qui font exception au droit commun, et qui réclament l'accomplissement de formalités autres que celles dont nous avons présenté le tableau plus haut, les testaments, par leur importance, figurent au premier rang. Il y en a trois sortes : olographes, publics et mystiques ; le notaire n'intervient que dans ces deux derniers. Les règles qui les régissent se trouvent dans les art. 968 et 971-980 du Code Napoléon.

Testament public. — Si nous lisons les art. 971, 972, 973, 974, 975 et 980, nous voyons que la capacité du notaire et des parties, réglée par la loi de ventôse, reste ici la même, et que celle des témoins a seule été modifiée, dans le but évident de mieux garantir la sincérité des dernières volontés du testateur, et de prévenir toute collusion de la part du notaire.

Au lieu de deux notaires seulement, le législateur a voulu deux notaires et deux témoins, ou bien un notaire et quatre témoins. Dans les actes ordinaires, la parenté des témoins avec les parties ou les personnes intéressées n'est une cause d'incapacité que jusqu'au troisième degré en ligne collatérale ; dans les testaments, cette cause d'incapacité a été étendue par l'article 975 au quatrième degré, à peine de nullité. Mais notons bien que cette prohibition de parenté au quatrième degré n'est établie que pour les témoins dans leurs rapports avec les légataires, et que, le législateur ayant gardé le silence au sujet des autres personnes, nous restons pour elles sous l'empire de la loi de ventôse. Ainsi le notaire pourra recevoir le testament d'un ses parents en ligne collatérale au quatrième degré, d'un cousin germain, par exemple, ou d'un grand-oncle, et admettre comme témoins des parents au même degré soit de lui, soit du testateur. Les incapacités sont de droit strict et ne peuvent être étendues d'un cas à un autre. Du reste, la disposition de l'art. 975 se justifie parfaitement par l'avantage indirect que peuvent avoir les parents des légataires, et que n'ont pas ceux du notaire ou du testateur.

En exigeant un plus grand nombre de témoins et en excluant jusqu'au quatrième degré tous les parents des légataires, le législateur, dans certains cas pressés, eût pu rendre un testament impossible; aussi il s'est montré plus facile à d'autres égards. Aux termes de l'art. 980, dans un testament, il suffit que les témoins soient mâles, majeurs, sujets de l'Empereur, et qu'ils aient la jouissance de leurs droits civils : ce qui fait que telle personne, qui ne pourrait pas servir de témoin dans un acte ordinaire, parce qu'elle ne jouirait pas de ses droits politiques, pourrait l'être dans un testament. Ainsi les faillis, qui sont privés de leurs droits politiques, et par suite de la qualité de citoyen, mais qui jouissent encore de leurs droits civils, ceux qui ne sont pas domiciliés dans l'arrondissement communal, pourraient servir de témoins instrumentaires dans un testament et ne le pourraient pas dans un autre acte.

Dans un acte ordinaire encore, il faut que tous les témoins sachent signer. Dans les testaments publics, il suffit, à la campagne, que la moitié le sache faire. Seulement on est peu d'accord sur ce qu'a voulu dire par ce mot *campagne* l'art. 974 du Code Napoléon. Quand la question se présente, on se base, pour la résoudre, sur les circonstances de la cause et sur le plus ou le moins d'instruction répandu dans l'endroit où le testament a été fait. Les notaires feront bien de recourir le moins possible au bénéfice de cette disposition. Si l'instruction allait devenir obligatoire surtout, il pourrait se faire qu'il n'y eût plus de campagne, du moins dans le sens de notre art. 974.

C'est à l'égard de la forme que, dans les testaments, le Code Napoléon a apporté le plus de changements à la loi de ventôse.

Un acte ordinaire, le notaire le rédige seul et à sa guise; il le fait écrire par qui bon lui semble; s'il n'en donne pas lecture, ou s'il ne le mentionne pas, il n'y a pas nullité; enfin la présence des témoins n'est pas obligatoire, il suffit qu'ils signent plus tard.

Un testament, au contraire, doit être dicté par le testateur, écrit par le notaire, lu au testateur, le tout en présence des témoins, à peine de nullité, et la mention de chacune de ces formalités est indispensable.

L'obligation de la dictée ne s'étend pas à l'entête ni à la clôture de l'acte, comme l'ont prétendu quelques auteurs; car alors, pour être logique, il faudrait dire que le notaire, écrivant sous la dictée du testateur, n'est plus responsable ni de la forme de son acte ni des mentions qui lui sont recommandées; les vices de forme devraient être imputés au testateur, qui aurait mal dicté. Ces conséquences sont trop contraires à l'esprit de la loi, et aux données admises jusqu'ici, pour que nous adoptions le principe duquel elles découlent; aussi restreignons-nous l'obligation de la dictée au corps même du testament, aux dispositions du testateur.

Comme cette dictée a été exigée afin que la pensée du testateur ne fût pas dénaturée en étant rendue par le notaire, ce dernier fera bien d'écrire mot pour mot ce qui lui sera dit; ce qui ne doit pas l'empêcher pourtant de faire les corrections de langage nécessaires, car la loi n'a pas voulu pousser l'exigence jusqu'à l'absurde.

Le notaire doit écrire le testament lui-même; s'ils sont deux, ils peuvent se remplacer et écrire alternativement.

Un arrêté du 24 prairial an XI veut que les testaments soient écrits en français.

Le notaire doit, à peine de nullité, donner lecture du testament au testateur.

Ces diverses formalités doivent avoir lieu, toujours pour prévenir les fraudes, en la présence réelle des témoins. L'absence d'un seul et un seul instant, sans que l'on suspende l'acte en attendant son retour, suf-firait pour entraîner une nullité. La Cour de Bordeaux a eu l'occasion de le décider ainsi le 8 mai 1860.

Enfin, nous l'avons déjà dit, il doit être fait mention de chacune de ces formalités, le tout à peine de nul-lité.

Les mentions habituelles dans les actes, et prescrites par la loi de ventôse, sont également obligatoires dans les testaments. Il n'y a rien de changé, sauf une petite modification apportée au sujet de la déclaration d'une partie de ne pouvoir signer. Dans les actes ordinaires, la déclaration de ne pouvoir signer est suffisante ; dans un testament, il faut de plus mentionner la cause qui en empêche.

Testament mystique. — Les articles 976, 977, 978 et 979 tracent les règles qui régissent les testaments mys-tiques. Ici la plupart des prescriptions de la loi ne con-cernent nullement l'œuvre du notaire, et n'engagent aucunement sa responsabilité. Dans le testament mys-tique, il y a deux choses distinctes : le testament lui-même, qui doit être présenté clos et scellé au notaire, ou l'être en sa présence, ce qui est l'ouvrage du testa-teur et le regarde seul ; ensuite vient l'acte de sus-cription, et avec lui commencent le rôle et la respon-sabilité du notaire.

Pour prévenir tout dol, toute fraude et toute sub-stitution, la loi veut que le testateur déclare que le pli présenté est bien son testament ; s'il ne peut pas parler,

Il doit l'écrire sur l'enveloppe. Il faut aussi que l'acte soit rédigé en la présence réelle de six témoins, et sans divertir à autre chose, à moins de force majeure. Si le testateur ne peut pas signer, on appellera un septième témoin.

Les conditions de capacité du notaire et du testateur sont les mêmes que pour les actes ordinaires; quant à celles des témoins, elles sont les mêmes que celles exigées dans le testament public. Cependant la parenté des uns ou des autres avec les légataires ne serait plus une cause de nullité, parce que le testament mystique est secret, qu'on ne peut pas connaître ces légataires, et que par conséquent le danger, que la loi a voulu prévenir dans les testaments publics, n'existe plus.

Les mentions sont encore les mêmes que celles des actes ordinaires. Le Code Napoléon n'en prescrit aucune, et n'oblige le notaire à mentionner ni la déclaration de l'art. 976, ni celle de l'unité de contexte, ni la présence réelle des témoins, bien que chacune de ces formalités doive être remplie sous peine de nullité. Il n'y a que dans le cas où le testateur ne saurait pas signer, et qu'on appellerait un septième témoin, conformément au vœu de l'art. 977, que le notaire devrait faire mention de la raison pour laquelle ce septième témoin a été appelé. Si le testateur, ayant signé son testament, ne pouvait plus signer l'acte de suscription, il serait également nécessaire de faire mention de sa déclaration à cet égard.

Nous venons d'énumérer les diverses formalités qui dans les testaments modifient et augmentent celles déjà prescrites par la loi de ventôse pour la validité des actes. Ces formalités tiennent toutes à la forme et aux énonciations de l'acte. C'est au notaire qu'il revient, par conséquent, de les exécuter, et c'est à lui, par suite, de répondre de l'infraction qui y est apportée, comme il répond de l'exécution de celles qui lui sont imposées par la loi de ventôse.

Quelques auteurs ont voulu plaider la non-responsabilité du notaire en ce qui concerne les prescriptions des articles 971 et suivants du C. N. Selon nous, quoique nous ne soyons pas partisan d'étendre les cas de responsabilité, cette opinion est contraire à une saine interprétation de la loi. Il est vrai que ces articles ne rentrent point dans la nomenclature de l'art. 68, qui pose le principe de la responsabilité du notaire. Mais cet art. 68 n'est qu'une application d'un principe général, qu'une application des art. 1382 et suivants du C. N., et sa disposition n'est pas limitative; aussi nous croyons pouvoir dire, sans crainte de nous tromper et conformément aux art. 1382 et suivants, que le notaire est responsable de la forme des testaments qu'il reçoit, car, chargé de les rédiger, il doit le faire conformément à la loi, sans quoi il cause un préjudice, *et chacun est responsable du dommage qu'il a causé non-seulement par son fait, mais encore par sa négligence ou par son imprudence* (1383 C. N.). Nous n'avons pas besoin de citer d'arrêts à l'appui de cette doctrine; elle est trop rationnelle, et se comprend suffisamment d'elle-même.

Nous rappelons toutefois que le droit commun appliqué au notaire, pour fait de ses fonctions, ne doit l'être qu'avec le tempérament de l'art. 68, et que les tribunaux ne doivent prononcer des dommages-intérêts que s'il y a lieu, c'est-à-dire que s'il y a faute grave. Cette doctrine a été consacrée par de nombreux arrêts, et notamment par deux de la Cour de cassation, l'un du 27 novembre 1837, et l'autre du 27 mars 1839.

Dans les nullités de testament, la jurisprudence est peu disposée à admettre des causes d'excuse, et le notaire ne saurait prêter trop d'attention à la rédaction. La mention des noms et demeure des témoins, celle de la date et du lieu de réception sont généralement assez bien remplies ; ce sont celles de la dictée, de l'écriture, de la lecture, de la signature et de la présence des témoins, qui causent le plus de nullités, et les tribunaux, comme nous le disions, se montrent de la plus grande sévérité. Ainsi cette clause : *ce fut ainsi dicté et rédigé en l'étude, en présence de MM...., témoins, qui ont signé avec le notaire, après lecture itérativement faite,* fut regardée comme insuffisante, pour ne pas mentionner que la lecture avait été donnée au testateur en présence des témoins, bien que cela pût pourtant s'induire de la rédaction de la formule. Le testament fut annulé, et le notaire déclaré responsable par arrêt de la Cour de Caen du 2 décembre 1835.

La jurisprudence rend aussi le notaire responsable de l'incapacité des témoins, même lorsque ceux-ci lui ont été présentés par le testateur. La Cour de Lyon et celle de Nîmes l'ont ainsi jugé, la première le 3 janvier 1842, et la seconde le 7 novembre 1848. Mais le notaire pourra mettre, de ce côté, sa responsabilité à couvert, en interpellant les témoins sur leur capacité et en le mentionnant dans son acte.

Le testament mystique, nous pouvons le voir, offre pour le notaire beaucoup moins de danger que le tes-

tament public, d'abord parce qu'il est soumis à des
formalités moins compliquées, et ensuite parce que,
s'il est nul comme mystique et qu'il soit daté et écrit
par le testateur, il vaudra comme olographe.

Avant d'abandonner cette matière, nous dirons aussi,
par avance, que le notaire ne répond pas des nullités
de fond, quelque grossières que soient les erreurs
commises contre le droit ; car c'est le testateur qui
fait ces erreurs ; le notaire doit écrire sous sa dictée.

§ II.

Donations.

Comme le testament, la donation est un acte solennel,
pour la validité duquel le législateur a exigé l'accomplissement de nombreuses formalités. Nous ne retrou-
vons cependant pas là les motifs qui ont déterminé la
loi à se montrer si rigoureuse en matière de testaments. En effet, toutes les formalités, auxquelles la validité de cet acte est soumise, ont été édictées dans le
but de prévenir la fraude, la captation opérée dans
l'intention de s'approprier la fortune d'une personne
qui ne sera plus de ce monde pour venir attaquer un
acte qui n'est pas l'expression de sa volonté, qui
fraude les intérêts de personnes à elle chères, et qu'elle
a dépouillées peut-être contre son gré véritable.

Dans la donation, telle n'est plus la cause de la sévérité de la loi. La fraude et la captation vis-à-vis du
disposant sont moins à redouter. On a seulement entouré l'acte d'un concours de formalités pour montrer
à celui, qui se dépouille, l'importance de l'action qu'il

va faire; le législateur, soucieux de ses intérêts, l'avertit qu'il n'est pas dans la nature, à moins d'une exception rare, de se dépouiller de son bien de son vivant, et que le regret suit souvent la libéralité. En un mot, par chaque formalité, le législateur semble répéter au donateur cet adage, que les anciens jurisconsultes empruntaient à Loysel, pour le répéter à celui qui veut faire une donation : *Qui le sien donne avant mourir, bientôt s'apprête à moult souffrir.*

Les prescriptions de la loi concernant les donations ont pour la plupart trait à la formation du contrat, et, comme telles, ainsi que nous allons le voir à propos des nullités de fond, elles sont l'œuvre des parties et n'engagent pas la responsabilité du notaire. Ces prescriptions sont celles qui exigent que la donation soit actuelle et irrévocable, et qu'elle soit expressément acceptée par le donataire.

Quelques-unes cependant ont aussi trait à la forme de l'acte; ce sont celles qui exigent, à peine de nullité, la présence des témoins à la lecture et à la signature, et la mention de cette présence, ainsi que celle de l'acceptation.

Ces formalités sont imposées au notaire, les deux premières, c'est-à-dire la présence des témoins et la mention de cette présence, par l'article 2 de la loi du 21 juin 1843. « A l'avenir, dit cet article, les actes
» notariés contenant donation entre-vifs, donation entre
» époux pendant le mariage..., seront, à peine de nul-
» lité, reçus conjointement par deux notaires, ou par
» un notaire en présence de deux témoins. La présence
» du notaire en second et des témoins n'est requise
» qu'au moment de la lecture des actes par le notaire

» et de la signature par les parties ; elle sera men-
» tionnée à peine de nullité. » Le législateur ne s'est
occupé ici que des donations entre-vifs et des donations
entre époux pendant le mariage. Quant aux donations
par contrat de mariage, elles restent soumises au droit
commun, et leur présence ne change rien à la forme de
l'acte. Le notaire n'aura pas besoin de faire venir de
témoins, ni de faire accepter expressément.

L'acceptation expresse est prescrite par l'art. 932 du
Code Napoléon : « La donation entre-vifs, dit-il, n'en-
» gagera le donateur et ne produira aucun effet que du
» jour où elle aura été acceptée en termes exprès. »
Le notaire doit prêter la plus grande attention à cette
disposition, car si l'acceptation n'a pas été expressément
faite, et qu'il soit démontré que les donataires se sont
présentés dans l'intention de la faire, le notaire sera
responsable de la nullité de l'acte, arrivée en réalité par
sa faute, parce qu'il n'aura pas fait la mention voulue.
La Cour de cassation l'a ainsi jugé le 27 mars 1839.

§ III.

Révocations de donation et de testament. Reconnais-
sance d'enfants naturels. Procuration pour consentir
ces divers actes.

Le même article 2 de la loi du 21 juin 1843, qui exige
la présence des témoins dans les donations, et la mention de cette présence, exige aussi la même chose pour
les actes « contenant révocation de donation ou de tes-
» tament, reconnaissance d'enfants naturels, et les
» procurations pour consentir ces divers actes. » Nous

savons que cette présence réelle et la mention sont à la charge du notaire; il sera, par suite, responsable de toute nullité, s'il y a faute grave de sa part.

§ IV.

Autres actes spéciaux.

Il reste encore un assez grand nombre d'actes que le législateur a entourés de formalités particulières. Mais comme il serait trop long, pour le cadre que nous nous sommes tracé, d'examiner séparément chacun d'eux, nous nous contenterons de les énumérer en indiquant les articles des codes ou les lois qui les régissent, et, avec les données que nous possédons déjà, il sera facile à chacun de déterminer la responsabilité du notaire. Si les obligations prescrites concernent la forme de l'acte, elles regardent le notaire, qui dès lors devra répondre de leur exécution, à peine de tous dommages-intérêts, s'il y a lieu. Si au contraire elles concernent le fond de l'acte, la façon dont doivent être formées les conventions des parties, il faudra se reporter à ce que nous allons dire des nullités de fond. Elles pourraient avoir aussi pour objet l'accomplissement de formalités postérieures, comme la publication des actes de société ou des contrats de mariage; la question de la responsabilité des notaires à ce sujet sera traitée quand nous envisagerons le notaire comme mandataire.

Les actes soumis à ces formalités particulières sont les actes respectueux (art. 151 et suiv. C. Nap.); les subrogations (art. 1249 et suiv. C. Nap.); les offres réelles (art. 1257 et suiv. C. Nap.); les inventaires

(art. 451 C. Nap., et 041 et suiv. C. Pr. civ.); les contrats d'apprentissage (lois des 22 février et 4 mars 1851);
les protêts (art. 173 et suiv. C. com.); les contrats de
mariage (art. 68 C. com.); les contrats de société
(art. 42 et suiv. C. com.); les lettres de voiture (art. 102
C. com.); les contrats d'affrétement (art. 273 C. com.);
les connaissements (art. 281 C. com.); les contrats à la
grosse (art. 311 C. com.); les contrats d'assurance
(art. 332 C. com.).

SECTION II.

VICES DE FOND.

Un acte, valable en la forme, peut encore être entaché de nullité et ne pas produire tous ses effets,
parce que la convention elle-même sera viciée dans
quelques-unes de ses dispositions.

Cette nullité, que nous appelons nullité de fond,
n'engage pas, comme celle de forme, la responsabilité
du notaire. Celui-ci, aux termes de l'article 1er de la
loi de ventôse, est institué pour donner l'authenticité aux contrats, pour en assurer la date, en conserver le dépôt, en délivrer des grosses et des expéditions. Parmi ces attributions, nous ne voyons pas
celle de diriger les parties et de les aider de ses conseils; et comme ailleurs il n'a encore rien été dit à ce
sujet, il en résulte que ce n'est qu'un devoir moral pour
le notaire de s'occuper de la validité des conventions
auxquelles il donne l'authenticité, et que c'est aux parties à s'en assurer. Si la loi se trouve violée dans les
contrats qu'elles signent, ou si l'opération est malheu-

reuse, elles n'ont qu'à s'en prendre à leur négligence, et n'ont aucun recours à exercer contre le notaire, qui s'est conformé aux obligations que la loi lui impose, tant pour les devoirs particuliers de sa profession que pour la validité de ses actes.

L'observation de ces devoirs légaux, il est vrai, n'est pas suffisante pour satisfaire la conscience et l'honnêteté; le notaire doit encore, pour être irréprochable aux yeux de la morale, donner tous ses soins et toute sa science aux intérêts de ses clients. Sa position, l'habitude qu'il a des affaires, lui feront souvent remarquer une nullité dans la convention, une fraude de la part d'une partie, ou un inconvénient à l'opération; s'il veut rester honnête homme, il devra, bien que la loi ne lui en fasse pas une obligation, faire part de ses observations aux personnes qui auront placé en lui leur confiance et qui recourront à son ministère. S'il agit différemment, l'opinion publique pourra le blâmer, sa conscience pourra lui reprocher sa conduite; mais les tribunaux ne pourront pas le condamner à réparer le préjudice qu'il aurait pu faire éviter, car il ne s'agit que d'un devoir moral, que chacun peut ne pas sentir de la même manière et apprécier à sa façon, et que la loi, nous le savons, est impuissante à atteindre.

Cette doctrine est celle admise en jurisprudence; elle a été sanctionnée souvent déjà, notamment dans un arrêt de la Cour d'Orléans du 26 janvier 1839, confirmé par la Cour de cassation le 22 décembre 1840, et qui proclamait le notaire non responsable de la nullité venant du défaut de spécialité d'une constitution d'hypothèque.

Nous pourrions citer aussi un arrêt rapporté dans la *Gazette des tribunaux* du 20 mars 1840, qui rejette une action en dommages-intérêts, dirigée contre un notaire qui n'avait pas pris toutes les précautions qu'il aurait fallu prendre, mais qui s'était conformé au texte de la loi.

Si le préjudice résultait d'un conseil, nous n'hésitons pas à dire non plus que, lorsque ce conseil aura été donné de bonne foi, le notaire ne saurait être déclaré responsable du dommage causé. En donnant un conseil, le notaire remplit un devoir d'ami; s'il s'est trompé, ce sera fâcheux pour la personne qui l'aura écouté; mais comme celle-ci avait toujours son libre arbitre, elle n'aura qu'à s'en prendre à elle-même d'avoir mis à exécution le conseil qui lui était donné, et elle ne pourra pas retourner contre le notaire l'accomplissement d'un devoir.

La jurisprudence adopte en principe cette opinion, que nous trouvons parfaitement motivée dans un arrêt de la Cour de Caen du 6 août 1820.

Quelques auteurs soutiennent pourtant la doctrine contraire; pour eux, le notaire doit éclairer les parties de ses conseils, leur faire connaître les obligations qu'elles contractent, être responsable des nullités de fond comme des nullités de forme, et être soumis, dans un cas comme dans l'autre, aux articles 1382 et suivants du C. Nap., et à l'article 68 de la loi de ventôse. Leurs raisons nous paraissent peu juridiques; ils invoquent surtout des motifs d'équité, qui, à eux seuls, ne suffisent pas pour créer un droit nouveau. De toutes leurs considérations, la plus importante est la maxime, *Nemo jus ignorare censetur*, qu'ils invoquent contre le notaire

à propos des erreurs de droit : elle aurait son importance, si le notaire était obligé d'y recourir; mais il
n'en a pas besoin, car rien ne l'oblige à prévenir les
parties de leurs erreurs, et on ne peut, par conséquent,
le punir de son abstention : « *Nulla pœna sine lege.* »
Du reste, en invoquant cette maxime contre le notaire,
les parties reconnaîtraient elles-mêmes qu'elles ont été
les premières en faute; elles aussi ne devaient pas
ignorer la loi, et elles ne peuvent demander compte de
la nullité d'une convention qu'elles ont formée, et que
le notaire a seulement constatée.

Nous avons invoqué en faveur de notre opinion l'autorité de la jurisprudence; nos adversaires l'invoquent
aussi, bien entendu; mais ils nous semblent avoir mal
compris la nature des affaires auxquelles ils se sont
reportés. Selon nous, ils ont eu le tort de ne pas faire
une distinction, que nous devons admettre aussi, si
nous voulons rester dans le vrai. Il faut distinguer le
cas où le notaire agit dans un acte comme simple rédacteur, et celui où il agit en même temps comme mandataire. S'il agit comme rédacteur, nous savons ce que
l'on doit décider. S'il a été aussi le mandataire des parties, sa position ne sera plus la même : comme notaire
il ne sera point encore responsable des erreurs de
fond; mais, comme mandataire, il pourrait en être tenu,
et être condamné à réparer le préjudice qui en résultera.
La responsabilité ne prendra plus alors sa source dans
la loi de ventôse ou dans les articles 1382 et suivants
du Code Napoléon; c'est dans le mandat qu'il faudra
aller la chercher, c'est d'après les règles de ce contrat
qu'il faudra l'apprécier, ainsi que la quotité des dommages-intérêts.

9

La jurisprudence a bien senti la différence qui existait entre ces deux positions, et la responsabilité qu'elle ne veut pas admettre dans un cas, elle l'admet parfaitement dans l'autre. Ainsi la Cour de cassation décidait, le 12 avril 1843, que le notaire devait être responsable de la nullité d'une donation faite par un mineur au profit de son conjoint. La donation était valable en la forme ; il semblerait dès lors que le notaire dût être à l'abri de tout reproche, n'ayant commis qu'une nullité de fond, en ne se conformant pas à l'article 901. Mais, dans l'espèce, il était acquis que les parties non-seulement avaient demandé conseil, mais avaient encore chargé le notaire, et lui avaient donné mandat de disposer la libéralité comme il l'entendrait, pourvu qu'elle fût valable.

Cet arrêt est précisément un de ceux qui sont invoqués par les partisans de la responsabilité du notaire. Ces auteurs ont peut-être trop voulu suivre la jurisprudence, et, voyant que souvent elle avait déclaré le notaire responsable des nullités de fond, ils ont admis cette responsabilité comme règle générale, sans remarquer que, dans les espèces sur lesquelles ils se fondent, et qui les ont égarés, il s'agissait toujours d'un mandat.

Pour nous, la position est bien nette : le notaire a-t-il été simplement rédacteur, il n'y aura pas responsabilité pour le préjudice qui viendra du fond même de l'acte ; le notaire a-t-il été aussi le mandataire des parties à l'effet de les représenter à l'acte, ou de former leur convention, il répond alors des vices de fond comme des vices de forme.

Le point important, maintenant, est de savoir quand

il y aura mandat. Nous renvoyons, pour cette question, à ce que nous dirons du notaire, en le considérant comme mandataire, et les modes de preuves que
nous admettrons seront également admissibles ici.

Nous ferons remarquer de suite, cependant, que la
jurisprudence vient enlever toute son importance au
principe que le notaire n'est strictement tenu que de
ses obligations légales, en admettant la plupart du
temps l'existence d'un mandat, qui entraîne l'obligation de donner des conseils et de ne laisser passer aucune erreur de droit. Nous avons des preuves de cette
trop grande sévérité dans un arrêt de la Cour de
Rouen du 21 janvier 1841, dans un de la Cour de Paris
du 18 février 1842, dans un autre de la Cour de cassation du 23 novembre 1843.

La nullité venant d'une erreur de droit, bien que le
notaire ait été et rédacteur et mandataire, ne suffirait
pas encore pour donner lieu à une action en garantie,
si le point sur lequel elle repose faisait l'objet de quelque controverse. On ne peut pas demander au notaire
de prévoir l'avenir, et de résoudre à l'avance une question comme elle le sera définitivement plus tard. Les
tribunaux l'ont parfaitement compris, et souvent, après
avoir prononcé la nullité d'un acte pour erreur de droit,
ils ont renvoyé le notaire du recours en garantie dirigé
contre lui, parce que l'erreur reposait sur un point
controversé.

Cependant cette doctrine est oubliée quelquefois, et,
si l'on cite des cas où le notaire a trouvé une excuse
dans la controverse de la question, on pourrait citer
aussi des arrêts qui l'ont déclaré responsable pour
n'avoir pas suivi l'opinion de ses juges : ainsi, par

exemple, celui de la Cour de cassation du 12 avril 1843,
que nous avons cité tout à l'heure. Dans cette affaire,
le notaire avait été chargé de disposer la libéralité du
mineur de manière à ce qu'elle fût valable ; les parties l'avaient fait leur mandataire à cet effet ; rien
de plus juste au premier abord que de le voir supporter les conséquences de sa faute ; et la condamnation
prononcée par la Cour de Rennes, confirmée par la
Cour de cassation, eût été à l'abri de tout reproche,
si la nullité fût venue d'une erreur de droit véritable.
Mais, dans l'espèce, il n'en était pas ainsi ; car, pour
annuler la donation, on se fondait sur l'article 904 du
Code Napoléon, qui nous dit : « Le mineur, parvenu
» à l'âge de seize ans, ne pourra disposer que par tes-
» tament, etc. » Or il y avait controverse sur le point de
savoir si cet article était applicable aux époux pour leurs
libéralités entre eux. La controverse était sérieuse ; en
effet, la loi défend les donations aux mineurs, à cause
de leur irrévocabilité ; mais, comme les donations
entre époux sont essentiellement révocables, on pouvait parfaitement soutenir et croire que l'art. 904 ne
leur était pas applicable, et que par suite, dans l'espèce,
on pouvait recourir à la forme employée par le notaire.
Cette opinion, alors soutenue par plusieurs jurisconsultes, aurait dû faire rejeter l'action en garantie ;
mais on s'y est refusé, par le motif que le notaire avait
pris la voie la plus périlleuse, la jurisprudence n'ayant
pas encore donné sa manière de voir sur l'article 904.

On ne conçoit guère de pareilles décisions, et les
magistrats, qui doivent toujours maintenir la balance
égale, devraient admettre plus de liberté dans les opinions, et ne pas punir un homme parce qu'il aura

compris un texte de loi d'une autre manière que celle
dont ils l'entendent : ils devraient remarquer les varia-
tions de la jurisprudence ; ils devraient remarquer l'in-
décision qu'ils mettent souvent à formuler leurs sentences, bien qu'ils ne soient pas seuls comme le notaire,
et qu'ils aient pour les guider et les éclairer le travail
de l'avoué et la plaidoirie de l'avocat. Aussi nous ne
pouvons trop désapprouver l'arrêt du 12 avril et la doctrine qu'il consacre.

La jurisprudence a aussi voulu rendre le notaire responsable du préjudice qu'il aurait pu prévenir, non
plus en donnant des conseils aux parties, mais en les
avertissant de choses qu'elles ignoraient. Ainsi, dans
une vente, on a voulu rendre le notaire responsable
de n'avoir pas révélé à l'acquéreur l'existence de charges
constituées dans son étude, et existant sur les biens
vendus. MM. Madoz et Chalenge acquirent de M. Pitron
différents immeubles, dont la vente fut rédigée le
25 septembre 1844 ; il était déclaré que les biens étaient
libres de toutes charges autres que celles désignées,
et une hypothèque qui avait été constituée sur les
biens vendus, et devant le même notaire, le 21 août
précédent, ne figurait point parmi les charges indiquées ; les acquéreurs en souffrirent un préjudice ; une
action en garantie, intentée par eux contre le notaire,
fut admise par le tribunal de Falaise le 8 mai 1851, et
le jugement de première instance fut confirmé devant
la Cour de Caen.

Cette décision, qui, du reste, est contraire à la loi,
consacre un principe qui, au point de vue de la morale
même, peut avoir souvent d'injustes conséquences,
car elle force le notaire à avoir toujours en mémoire

toutes ses opérations, ce qui est matériellement impossible pour celui qui traite un grand nombre d'affaires.

La responsabilité du notaire ne devrait pas être plus
engagée dans le cas où les charges existeraient de son
propre chef; c'est aux parties à s'assurer de la position
et à prendre leurs précautions.

Contraindre le notaire à révéler à ses clients tout ce
qui pourrait leur nuire serait l'obliger souvent à
violer un devoir, qui n'est pas moins sacré pour lui que
celui d'éclairer les parties sur les avantages et les incon-
vénients de leurs opérations. Le notaire, par sa position, se trouve forcément le confident de quelques
secrets de famille; il connaît la position de chacun et
l'état des fortunes; l'honneur lui fait un devoir de rester muet sur tout ceci. Nous trouvons dans la loi de
ventôse une application de cette loi morale, restreinte,
il est vrai: c'est dans l'article 23, qui défend de communiquer les actes aux tiers. Ce devoir, pour nous, doit
l'emporter sur tout autre, et c'est avec peine que nous
voyons la Cour de cassation, dans un arrêt du 23 juillet
1830, obliger un notaire à déposer sur des choses qui
lui avaient été confiées dans le secret du cabinet, et en
sa qualité de notaire; parce que, dans l'espèce, on était
en matière criminelle, nous ne voyons pas que cette
décision en soit plus acceptable.

L'obligation d'avertir un client et celle de garder un
secret viendront presque toujours en concurrence;
comme ces obligations ne sont que des obligations
morales, et que ni l'une ni l'autre ne doivent engager la responsabilité, le notaire pourra suivre la voix
de sa conscience et faire ce qu'il croira convenable.

En résumé, toutes les fois qu'un préjudice aura été souffert, et qu'il viendra, non pas de la forme extérieure d'un acte, mais de la disposition elle-même, de la convention, le notaire, s'il n'a agi que comme officier public, ne doit pas en être responsable.

Il n'y a qu'un cas dans lequel celui-ci, sans être mandataire des parties, pourra être responsable d'une nullité de fond : c'est dans le cas de l'article 2063 du Code Napoléon, qui lui fait une obligation, sous peine de tous dommages-intérêts, de ne recevoir aucun acte dans lequel, hors les hypothèses déterminées par la loi, on stipulerait la contrainte par corps.

Cependant le notaire qui voudra sauver sa responsabilité fera bien de veiller aux intérêts de ses clients, comme si c'était pour lui un devoir légal, et de violer plutôt la foi du secret que de ne pas les avertir.

CHAPITRE IV.

RESPONSABILITÉ DU NOTAIRE EN SECOND ET DU NOTAIRE SUBSTITUANT.

Pour compléter nos données sur la responsabilité du notaire comme officier public, nous devons dire un mot du notaire en second et du notaire substituant.

SECTION PREMIÈRE.

NOTAIRE EN SECOND.

Nous savons déjà ce que c'est que le notaire en second ; nous savons que sa présence à l'acte n'est point exigée ; nous avons dit qu'il se faisait un devoir de ne pas pénétrer dans les secrets d'étude de ses confrères, et s'abstenait de prendre connaissance des actes qu'il avait à contre-signer. Ce serait assez pour écarter, comme nous l'avons déjà fait, une responsabilité à laquelle le législateur n'a pas pu le soumettre, puisqu'il le dispense de la présence réelle. Mais nous pouvons ajouter encore que toute action dirigée contre lui serait sans objet, et par suite ne saurait être admise. En effet, le notaire qui a contre-signé un acte, entaché d'une de ces nullités mêmes qui retombent à la charge de celui qui le reçoit, entaché d'une nullité de forme, ne peut être poursuivi en dommages-intérêts, car, pour motiver cette action, il faudrait établir un préjudice, et le silence du notaire en second n'en a causé aucun. Nous savons qu'on ne peut plus rien changer à un acte signé des parties et du notaire ; le notaire en second ne le recevant que dans ces conditions, toutes ses observations seraient superflues, et ne permettraient pas de faire disparaître la nullité. Cette opinion est, du reste, pleinement adoptée en jurisprudence.

Nous ne devons plus tenir la même théorie, quand il s'agit d'un acte solennel, réclamant la présence des deux notaires, ou bien encore lorsque, dans un acte ordinaire, le notaire en second a été réellement présent. Ce dernier, dans ce cas, ne pourra plus dire qu'il n'a pas participé à la rédaction de l'acte; que, lorsqu'il a vu la nullité, il n'était plus temps de la réparer. Aussi la nullité d'un acte auquel le notaire en second a réellement assisté engage tout aussi bien sa responsabilité que celle du notaire rédacteur.

SECTION II.

NOTAIRE SUBSTITUANT.

Quand un notaire est empêché pour cause d'absence ou de maladie, pour avoir néanmoins la minute et les honoraires de l'acte qui lui est confié, il peut le faire recevoir en son nom par l'un de ses confrères.

La loi n'a prescrit aucune forme spéciale; l'acte doit seulement porter la mention que la minute demeurera au notaire substitué.

Le notaire substituant est celui qui reçoit l'acte et qui doit, par conséquent, veiller à sa perfection. La qualité de substituant n'apporte aucune modification à ses charges. Les conditions de capacité et de validité sont toujours les mêmes, et il doit veiller sous sa responsabilité à ce qu'elles soient remplies. Il répond seul de la forme de l'acte, et nous prenons ici le mot *forme* avec toute l'étendue que nous lui avons donnée plus haut, c'est-à-dire qu'il devra aussi bien veiller aux conditions de capacité mises à la charge du notaire qu'à la structure même de l'acte. Quant à la responsabilité postérieure, celle qui peut résulter de la garde de la minute, de la délivrance des grosses et des expéditions, elle est tout entière à la charge du notaire substitué.

Ainsi le notaire substituant ne répond que des nullités de forme, et quand il est sûr de son acte, il n'a plus rien à redouter. Le notaire substitué, au contraire, est à l'abri de tout recours pour la forme, et ne répond que des obligations postérieures à la réception. Ce partage de la responsabilité entre les deux notaires se conçoit parfaitement par la différence du rôle que joue chacun d'eux.

Nous venons d'exposer les principes d'après lesquels le notaire peut être déclaré responsable de ses fautes, quand il agit comme officier public.

Mais, nous l'avons déjà dit, si en principe cette responsabilité doit être, en pareil cas, renfermée dans de justes limites, nous devons reconnaître que, dans mainte et mainte occasion, ces limites s'étendront par suite des circonstances qui se produisent, et qui dénotent chez le notaire l'intention de prendre à sa charge le risque d'acte ou de faits pour lesquels la loi, s'il eût conservé une position purement passive, se fût gardée de le rendre responsable.

Bien souvent, en effet, le notaire va au-devant des affaires que ses clients lui eussent confiées, ou bien se charge des suites de celles qu'il a commencées. Il arrive alors que c'est par ses soins que l'affaire prend telle ou telle direction, que l'accomplissement de ces formalités, que peuvent nécessiter les différents actes, rentrent dans ses attributions, ou bien encore que des fonds ou autres valeurs sont déposés entre ses mains.

De tels faits se produisent infailliblement chaque jour dans la pratique des affaires; le notaire ne peut les éviter, et, comme conséquence, il doit répondre à la confiance que ses clients ont eue en lui; c'est alors que, rentrant dans la règle générale, le notaire peut être condamné comme dépositaire, mandataire ou gérant d'affaires.

L'étude des principes, qui régissent sa responsabilité en pareil cas, va faire l'objet de la seconde partie de notre travail.

DEUXIÈME PARTIE.

DE LA RESPONSABILITÉ DU NOTAIRE COMME DÉPOSITAIRE, MANDATAIRE ET GÉRANT D'AFFAIRES.

CHAPITRE PREMIER.

DE LA RESPONSABILITÉ DU NOTAIRE COMME DÉPOSITAIRE.

Tous les jours, le notaire reçoit des fonds ou des valeurs pour ses clients, et contracte à leur égard l'obligation de les garder et de les rendre en nature.

Considéré comme dépositaire, le notaire est soumis, quant à sa responsabilité, aux règles générales qui régissent celle du dépositaire ordinaire. C'est assez dire que sa position est, sous ce rapport, aussi favorable que possible. Simple dépositaire, il faudra qu'on vienne prouver par écrit contre lui le dépôt dont la valeur excédera 150 francs, et si, en l'absence de cette preuve, on vient à l'attaquer, il sera cru sur sa déclaration, soit pour le fait même du dépôt, soit pour la chose qui en faisait l'objet, soit pour le fait même de sa restitution.

Dans la garde des objets qui lui sont confiés, il n'est

tenu d'apporter que les soins qu'il apporte à ses propres
affaires; il ne répond pas des accidents de force majeure,
qui ont détruit la chose déposée entre ses mains, à
moins qu'il n'ait été mis en demeure de la restituer;
les détériorations qui ne sont point de son fait sont à
la charge du déposant : « *Res peril domino.* »

La responsabilité du notaire ne commence, comme
celle du dépositaire ordinaire, qu'au dol ou à la faute
grave : « *Dolum solum et lalam culpam præstare de-
bent.* » (L. 1, C. dep.) Choisi par suite de la confiance
qu'il a inspirée, il ne peut être responsable qu'autant
qu'il a trompé, et que sa négligence est aussi coupable
que le dol. Mais, si ce dol ou cette négligence viennent
à être prouvés, le notaire se voit soumis à une peine
d'autant plus rigoureuse que, désigné publiquement à
la confiance de ses concitoyens, le défaut d'accomplissement de ses devoirs peut, pour ainsi dire, devenir
une calamité générale. Le législateur devait cette com-
pensation à la confiance publique, que le notaire a
trahie; aussi l'article 2060, § 7, prononce-t-il la contrainte par corps contre lui pour la restitution des titres
à lui confiés et des deniers à lui versés pour ses clients.

La contrainte par corps doit s'appliquer contre le
notaire, sans distinguer entre les circonstances qui ont
amené le dépôt. Que les parties aient été forcément
amenées à déposer chez lui leurs fonds ou leurs titres,
par suite de la nature de l'opération, qu'elles traitent
dans son étude, ou qu'elles aient effectué ce dépôt bé-
névolement; dans l'un et l'autre cas, l'officier public, désigné à leur confiance par la nature de ses fonctions, doit
se voir soumis à la pénalité portée par la loi.

Et ce principe est tellement rigoureux, que nous ne

voyons pas pour le notaire de moyen de se soustraire
à cette disposition, quelque détour qu'il emploie pour
changer la nature de son obligation. Du moment que
l'on arrive à prouver contre lui qu'il a été constitué
dépositaire, et qu'il ne peut restituer la chose déposée,
les parties sont admises à requérir les rigueurs de la
loi. C'est ainsi que nous voyons la jurisprudence décider, selon nous avec juste raison, que le notaire dépositaire est contraignable par corps, alors même que,
pour rembourser plus facilement un dépôt d'argent,
il a souscrit au profit de son client, qui l'a acceptée,
une obligation personnelle du montant de la somme
reçue ; la novation, qui pourrait être admise en toute
autre circonstance, est rejetée purement et simplement,
et le notaire demeure soumis à toutes les conséquences
de son obligation primitive.

Ajoutons, pour terminer cette matière, que le client
qui a fait le dépôt a un privilége sur le cautionnement
du notaire pour la restitution de ce dépôt ; il nous
est impossible de ne pas le considérer comme créancier à raison des fonctions du notaire, et de ne pas le
faire bénéficier des dispositions de l'article 33 de la loi
du 25 ventôse an XI.

CHAPITRE II.

DE LA RESPONSABILITÉ DU NOTAIRE COMME MANDATAIRE ET GÉRANT D'AFFAIRES.

Nous avons dit que le notaire voyait facilement
s'agrandir sa responsabilité, quand il se constituait le
mandataire et le gérant d'affaires de ses clients.

Ces deux sources d'obligations ne diffèrent que dans le fait qui leur donne naissance ; il y a gestion d'affaires quand une personne agit dans l'intérêt d'un tiers, sans son consentement, tandis que le contrat de mandat se forme quand on voit intervenir ce consentement des deux parties.

Si le notaire juge convenable d'accepter un mandat ou d'agir dans l'intérêt de son client, il s'expose alors aux conséquences de son action, et sa responsabilité se trouve engagée, en cas d'inaccomplissement des obligations qui naissent de ces contrat et quasi-contrat.

Le consentement des parties, nécessaire pour donner naissance au mandat, constitue la seule différence qui existe entre le mandat et la gestion d'affaires ; les effets sont absolument les mêmes au point de vue de la responsabilité, et ce que nous dirons de l'un sera également vrai de l'autre, d'autant plus que, dans la pratique, la gestion d'affaires vient se confondre avec le mandat tacite, et que le plus souvent le notaire gérant d'affaires est poursuivi comme mandataire. Ces deux sources d'obligations nous mettent en présence de l'une des causes les plus terribles de la responsabilité notariale.

Un mandat quelquefois formel, le plus souvent tacite, une gestion d'affaires ont servi de motif à des condamnations désastreuses. Ces condamnations ont jeté l'effroi chez les notaires, avec d'autant plus de raison, qu'elles ont souvent, en matière de placement de fonds surtout, entraîné la ruine de l'officier public pour une simple imprudence, pour une faute qui ne venait que de la légèreté du caractère de l'homme et de l'imperfection de notre nature.

Hâtons-nous de le dire, malheureusement cette jurisprudence rigoureuse s'est développée sous la pénible influence exercée sur l'esprit des magistrats par la manière d'agir de certains notaires qui, oublieux de la dignité de leurs fonctions, n'ont pas craint de solliciter des affaires et de s'offrir eux-mêmes aux coups d'une responsabilité, qu'ils eussent évitée en se renfermant dans le cercle de leurs attributions.

Une fois ce principe admis que le notaire pouvait être considéré comme mandataire ou gérant d'affaires de ses clients, et, comme tel, responsable des conséquences de ses actes, la jurisprudence n'a pour ainsi dire plus connu de bornes ; un mandat a pris naissance dans n'importe quel fait, dans n'importe quelle circonstance de telle ou telle affaire, quelquefois dans une simple déclaration, à laquelle on ajoutait plus de foi qu'à celle du notaire, comme si cet officier public, investi de la confiance du chef de l'État, dont il exerce une partie de la puissance par délégation, devait être moins sincère que n'importe quel contractant de mauvaise foi, à la discrétion duquel on l'abandonne sans pitié.

Aussi évidemment, dans beaucoup de circonstances, les tribunaux sont allés trop loin. Nous allons examiner d'après quelles règles, selon nous, la responsabilité doit frapper le notaire mandataire ou gérant d'affaires de ses clients.

Comme mandataire ou gérant d'affaires, le notaire est soumis aux règles du droit commun; il ne doit rien négliger pour mener l'entreprise à bonne fin, et il répond non-seulement de son dol, mais encore de sa faute. Quoique le notaire qui manque à ses obligations soit plus répréhensible qu'un autre homme, il ne faut pas pour cela le priver du bénéfice de l'art. 1992; et s'il agit à titre gratuit, ce qui arrive le plus souvent, la responsabilité relative aux fautes devra être appliquée moins rigoureusement. Cet article rappelle la distinction des fautes que nous connaissons déjà, et le notaire qui agira à titre gratuit ne sera responsable que de sa faute grave, c'est-à-dire de celle qu'il n'aurait pas commise dans l'administration de ses propres intérêts. On ne peut pas demander à quelqu'un qui rend un service plus de soin qu'il n'en apporte à ses affaires personnelles. Malheureusement la jurisprudence ne tient peut-être pas assez de compte de l'art. 1992.

Les honoraires d'un acte ne doivent pas être considérés comme le prix d'un mandat, et faire juger le notaire comme mandataire salarié, car c'est à l'officier public qu'ils sont dus, et non au mandataire.

Enfin, que le notaire ait été salarié ou non, il ne suffira pas que l'affaire ait mal tourné, il faudra encore une faute pour motiver une condamnation. La Cour de Toulouse a parfaitement établi cette doctrine dans un arrêt du 8 février 1861. En 1852, un placement eut lieu avec hypothèque sur une propriété, dont la valeur fut ensuite tellement diminuée par l'établissement d'un chemin de fer, que les garanties devinrent insuffisantes. Le notaire fut actionné comme mandataire, mais la Cour, tout en lui reconnaissant cette qualité, refusa de le condamner, parce qu'il n'avait commis aucune faute, parce que, à l'époque du placement, les biens hypothéqués offraient une garantie suffisante.

Il peut y avoir mandat des parties au notaire à propos de toutes sortes d'actes : donation, vente, échange,

obligations, etc. Nous pourrions citer, au sujet de chacun, des arrêts qui ont reconnu le notaire comme mandataire ou gérant d'affaires, et qui l'ont condamné en
cette qualité.

Confié à un notaire au sujet d'un acte, le mandat a
pour effet :

De rendre ce notaire responsable, au moins vis-à-vis
de son mandant, des nullités de fond, dont nous l'avons
déchargé comme officier public;

De l'obliger à remplir certaines formalités postérieures à l'acte, telles que la transcription, les inscriptions, et autres formalités qui, nous le verrons bientôt,
sont de droit à la charge des parties.

Enfin, et c'est là le principal effet du mandat, le notaire devient responsable, vis-à-vis de son mandant, des
suites fâcheuses que peut avoir l'affaire dont il s'est
chargé : ainsi le notaire mandataire d'un vendeur répondra du payement du prix; mandataire d'un acheteur, il répondra de la transmission de la propriété;
mandataire d'un prêteur, il répondra de la solidité du
placement; il devra alors prendre toutes les précautions possibles.

Par ces quelques mots on peut voir déjà combien le
mandat vient modifier la responsabilité du notaire.
Quand il existe, il n'y aura plus à distinguer dans les
actes les nullités de fond des nullités de forme, les devoirs légaux et les devoirs moraux; comme le mandataire doit mener l'entreprise à bonne fin, tous l'obligent également, et le mandat, à lui seul, donne lieu à
plus de condamnations en dommages-intérêts contre le
notaire que toutes les autres causes de responsabilité
réunies. Aussi le notaire ne devrait-il jamais ajouter

10

cette nouvelle charge à celles qui pèsent déjà sur lui,
et sa sécurité y aurait tout à gagner. Mais, comme le
recours à un mandataire est une façon fort commode
pour les particuliers de traiter leurs affaires, et comme
le notaire y trouve aussi son avantage en s'assurant
une clientèle, on tient en général peu compte des
raisons morales qui pourraient faire écarter le mandat,
et, dans la pratique, on voit à chaque instant le notaire
agir comme mandataire des parties.

Celui qui intentera une action au notaire comme
mandataire devra établir l'existence du mandat, dont
nous allons trouver les cas les plus fréquents, en faisant l'étude des divers modes de preuves auxquels on
peut recourir.

Il y a deux sortes de mandats, exprès et tacite. Pour
le mandat exprès, la preuve testimoniale est admise
jusqu'à concurrence de 150 fr. Au-dessus, il faut une
preuve, ou tout au moins un commencement de preuve
par écrit, qui peut alors se compléter par la preuve
testimoniale. Cette preuve écrite peut se trouver dans
certaines clauses de l'acte au sujet duquel on invoque
un mandat, bien que ces clauses ne soient que générales. Ainsi, dans une vente sur expropriation, il avait
été stipulé au cahier des charges que les prix de vente
seraient versés entre les mains du notaire, et par lui
distribués aux créanciers inscrits. Le tribunal de Sche-
lestadt vit dans cette clause un mandat conféré au notaire pour faire tout ce qui serait utile à la conservation
des droits des créanciers, et, par jugement du 26 décembre 1845, confirmé par la Cour de Colmar, il le
condamna à tous dommages-intérêts, pour n'avoir pas
fait une subrogation voulue.

Les lettres et correspondances sont aussi très-souvent un mode d'établir le mandat. Nous trouvons un arrêt de la Cour de Paris, du 21 mai 1851, condamnant le notaire comme mandataire, et n'établissant cette qualité que par la correspondance de ce dernier avec la partie.

Une procuration en blanc ou consentie à un prête-nom, à une personne sans relations avec le mandant, prouverait encore suffisamment que le notaire a été chargé de veiller aux intérêts de son client, et qu'il était son mandataire. Un arrêt de la Cour d'Orléans du 7 janvier 1843 le décidait ainsi dans une espèce, où une procuration avait été passée au nom d'un clerc du notaire poursuivi. Un recours fut accordé au mandant contre le notaire, comme mandataire véritable, et lui fut refusé contre le clerc, comme ayant été un simple prête-nom. Depuis, l'ordonnance du 4 janvier 1843 est venue interdire aux notaires de se servir ainsi de prête-nom ; mais l'usage a été plus fort que la loi, et aujourd'hui encore, quand une personne est éloignée, qu'elle s'en rapporte à son notaire, elle lui donne une procuration qui se met habituellement au nom d'un clerc de l'étude ; aussi cette ordonnance n'est venue apporter aucune modification à la responsabilité du notaire comme mandataire, ni à la preuve qui pourra être faite du mandat. Voici, en cas de mandat exprès, les principales preuves ou commencements de preuve par écrit que l'on aura le plus souvent à sa disposition. Mais ce mandat exprès n'est pas celui qu'on invoque le plus souvent ; on aime mieux recourir au mandat tacite, peut-être parce qu'il est plus facile à faire admettre aux tribunaux, quand bien même il n'existerait pas, et que c'est un moyen de se tirer d'une mauvaise affaire. Une opération ne réussit pas parce que toutes les précautions n'auront pas été prises ; on appelle le notaire en garantie, en disant que, par un accord tacite, il avait été chargé et il avait accepté de faire tout ce qui serait nécessaire. C'est en matière de placements de fonds que ceci se présente surtout.

Lorsqu'une partie est intervenue dans un acte et qu'elle l'a accepté, on pourrait bien dire qu'elle ne peut plus invoquer de mandat tacite, et que le notaire se trouve déchargé de toute responsabilité, du moins pour ce qui a précédé la réception de cet acte. Ainsi le notaire qui passerait une obligation, et qui y ferait intervenir le prêteur pour accepter, ne pourrait plus être recherché, par exemple au sujet de l'insolvabilité de l'emprunteur ou de l'insuffisance des garanties. La partie, en intervenant, serait censée s'être assurée elle-même de tout ceci et avoir ratifié la gestion du notaire. Cette théorie serait peut-être trop absolue dans la pratique, et la jurisprudence n'a pas voulu l'admettre ; quand un mandat tacite est invoqué, on décide d'après les circonstances de la cause.

On tient, en général, que le notaire a agi comme mandataire, lorsqu'il a négocié l'opération, lorsqu'il a toujours servi d'intermédiaire, et lorsque les parties n'ont eu entre elles aucunes relations. Nous pouvons citer à ce sujet deux arrêts, l'un de la Cour de Rennes du 15 décembre 1841, et l'autre de la Cour de Paris du 18 février 1842.

Les tribunaux ont aussi vu l'existence d'un mandat, pour toutes les conséquences d'une affaire, dans le fait du notaire d'avoir rempli les formalités postérieures

à l'acte et nécessaires à sa perfection; et de ce qu'à
la suite d'une obligation, un notaire avait pris l'inscription hypothécaire, on a induit que, dans l'affaire,
il était le mandataire de la partie et devait répondre
de l'insuffisance des garanties.

On a décidé aussi qu'il était mandataire, par cela seul
que le montant d'une obligation se trouvait déjà déposé dans son étude au moment où l'acte s'est passé ;
et la Cour de Paris, dans une hypothèse semblable, par
un arrêt du 20 août 1834, rendit le notaire responsable du préjudice qui résultait de la délivrance des
fonds faite avant les justifications hypothécaires exigées et promises. Cependant le prêteur avait discuté
les conditions du prêt avec l'emprunteur, et était intervenu à l'acte, dans lequel il était dit que la somme
prêtée avait été comptée et réellement délivrée à la vue
des notaires.

Certains arrêts, condamnant le notaire comme mandataire, sont basés sur l'élection de domicile faite dans
son étude, et sur la stipulation que les capitaux et les
intérêts y seraient payables.

Ces différentes solutions, dans les espèces où elles
ont été rendues, ont pu être fort équitables; mais
elles ne devraient pas, selon nous, servir de précé-
dents à la jurisprudence, ni s'ériger en principes; car
si, dans les hypothèses qui y ont donné lieu, il y avait
mandat, le plus souvent, dans des cas identiques en
apparence, il n'y en aura pas. Il suffit, pour s'en con-
vaincre, de voir ce qui se passe tous les jours chez les
notaires ; dans les affaires auxquelles ceux-ci prennent
le moins d'intérêt, et dans lesquelles ils ne sont que
rédacteurs. ils ne manquent jamais d'accomplir ces

formalités postérieures, comme la transcription et les inscriptions ; le montant d'une obligation négociée par les parties se trouve la plupart du temps déposé chez le notaire au moment de la rédaction de l'acte, et presque toujours on fait l'élection de domicile dans l'étude.

Si la jurisprudence s'est montrée facile pour les preuves du mandat tacite, elle s'est pourtant refusé à le voir dans les simples conseils et dans l'indication d'un placement, lorsque le notaire n'avait pas négocié lui-même l'opération. Par exemple, la Cour de Caen, dans un arrêt du 2 février 1857, décidait qu'un notaire n'est pas responsable du défaut de solidité d'un remploi qu'il a conseillé de bonne foi ; et la Cour de Paris, le 26 janvier 1833, a aussi jugé que le notaire qui avait conseillé un placement hypothécaire n'était point responsable du défaut de solidité de ce placement, à raison des diverses créances qui frappaient déjà les biens donnés en garantie.

Dans d'autres arrêts, au contraire, on décide que le simple conseil, que la qualité de notaire habituel des parties, que l'ignorance de ces dernières suffisent pour établir l'existence d'un mandat. Un arrêt de la Cour de Paris, notamment, du 29 août 1852, pose comme principe que les notaires ne doivent plus être de simples rédacteurs, mais qu'ils sont encore les mandataires légaux des parties, à l'effet de les protéger et de les guider dans toutes leurs entreprises. Une pareille décision se réfute d'elle-même par son exagération.

De toutes ces décisions, qui tantôt semblent s'accorder et tantôt se contredire, nous ne pouvons tirer qu'une seule conclusion pour le notaire : c'est qu'il doit se tenir le plus possible sur ses gardes, et qu'en matière de placements de fonds surtout, où l'on admet si facilement l'existence d'un mandat, il doit se renfermer strictement dans son rôle de rédacteur, ne pas servir d'intermédiaire aux parties, les faire toutes intervenir, refuser de recevoir les valeurs en dépôt, et ne mettre dans son étude ni l'élection de domicile, ni le remboursement du principal, ni le service des intérêts.

Au lieu d'avoir trait à la conduite générale de l'affaire et à sa négociation, le mandat, avons-nous dit, peut ne concerner que certaines formalités postérieures à l'acte, comme la transcription, les inscriptions à prendre, les significations à faire faire, les états à demander. Ces formalités, le législateur ne les a point imposées au notaire, et ce dernier, par conséquent, n'est point tenu de les remplir. La Cour de cassation l'a ainsi décidé dans de nombreux arrêts, notamment dans un du 14 juillet 1847 et dans un autre du 14 février 1855.

Si le notaire, en sa qualité d'officier public, n'est pas tenu de faire transcrire ses actes, de prendre inscription, etc., il pourra s'y trouver obligé à un autre titre et comme mandataire des parties. Cette obligation existe d'abord toutes les fois que le notaire aura dirigé l'affaire lui-même. Ces formalités peuvent être indispensables pour mener l'opération à bonne fin.

Il devra encore répondre de leur accomplissement, lorsqu'il en aura été particulièrement chargé soit par un mandat exprès, soit par un mandat tacite. Ce mandat peut s'induire de certaines clauses de l'acte. Ainsi la Cour de Douai, dans un arrêt du 25 août 1855, voyait un mandat donné au notaire et accepté par lui do faire transcrire, dans cette clause, que les frais de transcription seraient versés entre les mains du notaire.

Ce mandat pourrait aussi se prouver par la correspondance.

L'exécution tardive de ces formalités a même suffi pour faire admettre que, dès le principe, le notaire ait été chargé de s'en occuper. Il y a, dans ce sens, un arrêt de la Cour de cassation du 19 mars 1855. Cette décision doit avertir les notaires de ne jamais s'occuper, sans prendre au moins leurs précautions, de ces formalités extrinsèques, une fois que les délais dans lesquels elles pouvaient être utilement remplies se trouvent expirés.

L'usage adopté par les notaires de les remplir sans en avoir reçu mission serait peut-être suffisant, en cas de silence de part et d'autre, pour faire considérer le notaire comme mandataire tacite des parties, à l'effet de régulariser leur position. Aussi celui qui sera prudent et qui voudra s'en tenir à ses obligations professionnelles fera bien d'en avertir ses clients et de le mentionner dans son acte ; ce sera le meilleur moyen d'assurer sa tranquillité et de se mettre à l'abri de toute poursuite.

TROISIÈME PARTIE.

DE L'EXERCICE DE L'ACTION EN DOM-MAGES-INTÉRÊTS.

CHAPITRE PREMIER.

COMPÉTENCE.

Aux termes de l'art. 181 du Code de procédure, l'action en garantie doit être portée devant le tribunal où la demande principale est pendante, de manière à éviter, dans une même affaire, deux décisions contraires.

L'action en dommages-intérêts contre le notaire n'a pas le caractère d'une action en garantie ordinaire. Elle est principale et indépendante; car, si une partie éprouve un préjudice à l'occasion d'un acte, le notaire, nous le savons, n'est pas pour cela forcément responsable, alors même qu'il est la cause de la nullité. L'action en garantie dirigée contre lui étant principale et indépendante, elle devra s'exercer comme telle, et le notaire devra être poursuivi devant le tribunal civil de sa résidence.

Du reste, le législateur a pris le soin de régler cette

rompétence, et l'art. 53 de la loi du 25 ventôse nous dit à ce sujet : « Toutes suspensions, destitutions, » condamnation d'amende et dommages-intérêts se-» ront prononcées contre les notaires par le tribunal » civil de leur résidence, etc. »

Ainsi, quel que soit le tribunal qui ait statué sur la contestation principale, le recours en garantie contre le notaire devra toujours être porté devant le tribunal civil de sa résidence. La Cour de Bordeaux l'a ainsi jugé dans un arrêt du 27 juin 1839.

Si le notaire ne peut pas être actionné devant un tribunal civil autre que celui de son domicile, il ne pourra pas l'être, à plus forte raison, devant un tribunal d'exception. La Cour de cassation l'a ainsi décidé le 16 mai 1816, dans une espèce où l'action en garantie pour nullité d'un protêt avait été portée incidemment devant le tribunal de commerce, qui avait statué sur la nullité.

Pour le reste, nous rentrons dans le droit commun, et l'action est susceptible des divers degrés de juridiction, comme nous le dit la dernière partie de l'art. 53 de la loi de ventôse.

CHAPITRE II.

PAR QUI ET CONTRE QUI L'ACTION PEUT ÊTRE INTENTÉE.

Cette action est accordée à tous ceux qui ont souffert de la faute du notaire, et elle est exercée par eux conformément au droit commun.

Elle est accordée, bien entendu, tout d'abord contre le notaire qui a reçu l'acte. Quant au notaire en
second, nous savons qu'il n'est pas responsable, à
moins qu'il n'ait été réellement présent, auquel cas
l'action en dommages-intérêts doit être intentée contre les deux notaires.

Il se présente alors la question de savoir si ceux-
ci seront solidairement tenus du montant de la condamnation prononcée contre eux. Chacun, ayant en
réalité causé tout le préjudice, doit être tenu de le
réparer en entier, à défaut par son confrère de le faire
pour sa part. On nous objecte qu'aux termes de l'article 1202 du Code Napoléon, la solidarité ne se présume
pas, et qu'à moins de stipulation expresse, elle n'a
jamais lieu, si ce n'est dans les cas expressément déterminés par la loi ; que nous ne sommes plus ici dans
l'un de ces cas ; et que, par conséquent, chaque notaire
ne doit être tenu que pour sa part et portion. Mais
cet art. 1202 n'a trait qu'à la solidarité conventionnelle,
et ne saurait s'appliquer aux cas de délits et de quasi-
délits, lesquels constituent des engagements qui se
forment sans convention ; et nous préférons appliquer
aux quasi-délits la règle de l'art. 55 du Code pénal,
qui nous dit : « Tous les individus condamnés pour
» un même crime ou pour un même délit seront tenus
» solidairement des amendes, des restitutions, des
» *dommages-intérêts* et des frais. »

C'est, du reste, l'opinion de la jurisprudence.

Si le notaire est décédé, l'action en responsabilité
s'exercera alors contre ses héritiers ; ceci résulte de
l'art. 2 du Code d'instruction criminelle. « L'action
» civile, nous dit cet article, pour la réparation du

» dommage, peut être exercée contre le prévenu et
» contre ses représentants. »

Dans notre ancien droit, cette action en garantie
était refusée contre les héritiers ou représentants du
notaire ; si elle est admise aujourd'hui, les tribunaux
devront toutefois se montrer plus circonspects et plus in-
dulgents ; car les héritiers, n'ayant point connu l'affaire,
peuvent se trouver privés de moyens de défense très-
importants ; et s'il paraissait que celui qui intente l'action a attendu pour cela le décès du notaire, il faudrait
faire comme l'a fait la Cour d'Angers dans un arrêt
du 10 janvier 1828, et rejeter la demande.

CHAPITRE III.

DURÉE DE L'ACTION EN RESPONSABILITÉ.

L'action en responsabilité se prescrit par trente ans,
conformément à l'article 2262 du Code Napoléon.

Tout le monde est d'accord à ce sujet ; mais les avis
sont partagés sur le point de départ de cette prescription. L'action en responsabilité a pour but la garantie
d'un préjudice ; il faut par conséquent, pour l'intenter,
que le préjudice soit causé ; jusque-là toute demande
serait sans objet, et ce n'est que du jour où l'on aura
souffert de la faute du notaire que les trente années
commenceront à compter ; car la prescription ne court
pas contre ceux qui ne peuvent pas agir : « *Contra non
valentem agere non currit præscriptio.* »

Quelques auteurs veulent faire partir cette prescription du jour où la faute a été commise, et pour cela
ils argumentent des articles 637 et 638 du C. d'instr.

crim.; mais ces articles ne s'occupent que de l'action
publique, et nullement de l'action civile. Aussi, quelque
bienveillante que soit cette interprétation pour le notaire, nous ne saurions l'adopter, et la jurisprudence
la rejette aussi. Nous en avons un remarquable exemple dans un arrêt de la Cour de Poitiers du 2 février
1825.

CHAPITRE IV.

PRIVILÉGE SUR LE CAUTIONNEMENT.

Outre les voies ordinaires d'exécution, ceux qui ob-
tiennent des dommages-intérêts contre un notaire ont
aussi un privilége sur son cautionnement.

L'article 33 de la loi de ventôse nous dit à ce sujet :
« Ils (les notaires) sont assujettis à un cautionnement
» fixé par le gouvernement d'après les bases ci-après,
» et qui est spécialement affecté à la garantie des con-
» damnations prononcées contre eux par suite de
» l'exercice de leurs fonctions. »

Et l'article 2102 du Code Napoléon ajoute : « Les
» créances privilégiées sur certains meubles sont :
» 1°... 7° les créances résultant d'abus et de prévari-
» cations commis par les fonctionnaires publics, dans
» l'exercice de leurs fonctions, sur les fonds de leur
» cautionnement et sur les intérêts qui peuvent en être
» dus. »

Le cautionnement des notaires peut encore, conformément au décret du 22 décembre 1812, être affecté
d'un privilége en faveur des personnes, qui en auraient
fourni les fonds en tout ou en partie. Mais ce privilége
n'est que de second ordre, et ne vient qu'après celui de

l'article 33 de la loi de ventôse et de l'art. 2102, § 7, du Code Nap.

Comme nous pouvons le voir par la disposition de ces articles, les condamnations pour faits de charge sont seules privilégiées. Par faits de charge, on n'entend, à proprement parler, que ceux accomplis par le notaire, comme officier public. Mais ces expressions doivent être prises ici dans un sens plus large, et il faut étendre le privilége aux abus et prévarications commis par le notaire comme dépositaire, mandataire ou gérant d'affaires, chaque fois que ces différentes qualités dépendent de celle d'officier public.

POSITIONS.

DROIT ROMAIN.

I. Lorsque quelqu'un avait revendiqué un immeuble comme lui appartenant à un titre déterminé, et que son action avait été rejetée, il pouvait en intenter une nouvelle en assignant à la propriété une autre origine.

II. Lorsque le mari, découvrant qu'il était seul propriétaire d'une chose que sa femme avait reçue d'un tiers, s'abstenait de la revendiquer pour gratifier son épouse, cette abstention constituait une donation prohibée.

III. Lorsqu'un débiteur avait légué à son créancier ce qu'il lui devait à terme ou sous condition, bien que le terme ou la condition fussent arrivés au décès du testateur, le legs n'en était pas moins valable.

IV. Dans une vente parfaite, les arrhes n'étaient pas un moyen de dédit.

V. On ne pouvait pas demander la rescision d'une transaction pour cause de lésion.

VI. Si l'agnat le plus proche était en captivité chez l'ennemi, la tutelle n'était pas donnée à celui qui venait après lui.

VII. Le père pouvait être juge dans la cause de son fils, et le fils dans celle de son père.

VIII. On ne pouvait pas faire une constitution de dot sous une condition de nature à ne se réaliser qu'à la dissolution du mariage.

DROIT FRANÇAIS.

CODE NAPOLÉON.

I. La femme n'a pas besoin d'être autorisée par justice pour contracter avec son mari.

II. La femme n'a pas d'hypothèque légale sur les biens de communauté qui sont vendus pendant la durée de la communauté.

III. Les héritiers du donateur ne peuvent pas opposer au donataire le défaut de transcription de la donation.

PROCÉDURE CIVILE.

I. Le vendeur est recevable à attaquer une vente pour cause de lésion, bien qu'antérieurement une sur-

enchère ait été formée par l'un des créanciers hypothécaires inscrits.

II. Le juge de paix et le tribunal de commerce sont
concurremment compétents pour connaître des con-
testations qui peuvent s'élever entre les voituriers et les
voyageurs, relativement à la perte ou avarie des effets
qui les accompagnent.

DROIT COMMERCIAL.

I. La dot constituée par le failli après la cessation
de ses payements, ou dans les dix jours qui précèdent,
est valable, si les futurs époux étaient de bonne foi.

II. Les engagements contractés par la femme mariée
commerçante, lorsqu'ils n'énoncent pas de cause, doivent être présumés pris pour les besoins de son commerce.

DROIT ADMINISTRATIF.

I. L'article 815 du C. Nap. n'est pas applicable en
matière de partages de biens communaux.

II. Les cours d'eau ni navigables ni flottables sont
choses communes, qui n'appartiennent à personne, et
dont l'usage est commun à tous.

DROIT PÉNAL.

Le jour où le délit a été commis ne doit pas être
compté dans le délai requis pour la prescription de
l'action publique.

TABLE DES MATIÈRES.

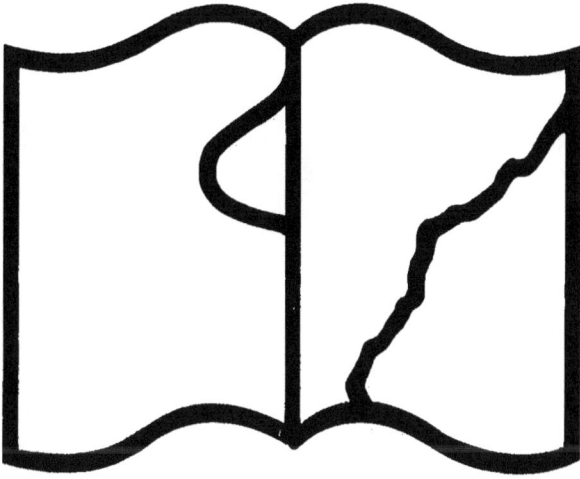

Texte détérioré — reliure défectueuse

NF Z 43-120-11

www.ingramcontent.com/pod-product-compliance
Lightning Source LLC
Chambersburg PA
CBHW050123210326
41519CB00015BA/4078